음악과 소음

이게 무슨 소리?!

사진출처

셔터스톡_ **37p** / 록 공연(DarioZg) **56p** / 테너와 소프라노(criben) **98p** / 명동성당 내부(Nghia Khanh), 비엔나 뮤직페라인 골든홀 내부(Uwe Aranas)

위키피디아_ **77p** / 클라드니 도형1, 2(Matemateca_IME USP) **90, 108p** / 라에네크가 만든 청진기(Science Museum London)

플리커_ **95p** / 다니엘 키시(PopTech)

이게 무슨 소리?! 음악과 소음

ⓒ 최원석, 2019

1판 1쇄 발행 2019년 2월 20일 | **1판 9쇄 발행** 2023년 6월 15일

글 최원석 | **그림** 허현경 | **감수** 서울과학교사모임
펴낸이 권준구 | **펴낸곳** (주)지학사
본부장 황홍규 | **편집장** 김지영 | **편집** 박보영 이지연 | **디자인** 이혜리
마케팅 송성만 손정빈 윤술옥 박주현 | **제작** 김현정 이진형 강석준 오지형
등록 2010년 1월 29일(제313-2010-24호) | **주소** 서울시 마포구 신촌로6길 5
전화 02.330.5263 | **팩스** 02.3141.4488 | **이메일** arbolbooks@jihak.co.kr
ISBN 979-11-6204-048-5 74400
ISBN 979-11-85786-82-7 74400(세트)

잘못된 책은 구입하신 곳에서 바꿔 드립니다.

 **제조국** 대한민국 **사용연령** 8세 이상
KC마크는 이 제품이 공통안전기준에 적합하였음을 의미합니다.

아르볼은 '나무'를 뜻하는 스페인어. 어린이들의 마음에 담긴 씨앗을 알찬 열매로 맺게 하는 나무가 되겠습니다.

홈페이지 www.jihak.co.kr/arb/book | **포스트** post.naver.com/arbolbooks

펴냄 글

 ### 과학은 왜 어려울까?

- 생물, 지구과학, 물리, 화학 등 공부해야 할 범위가 넓다.
- 책이나 교과서를 볼 땐 이해할 것 같다가도 돌아서면 헷갈린다.
- 과학 현상이나 원리가 어려워서 이해가 안 된다.
- 과학 공부를 할 때 어려운 단어가 많이 나온다.

 ### 과학 공부, 쉽게 하려면 통합교과 시리즈를 펼치자!

통합교과란?

- 서로 다른 교과를 주제나 활동 중심으로 엮은 새로운 개념의 교과
- 하나의 주제를 **개념·사회·인체·음악·생활** 등 다양한 영역에서 접근해 정보 전달 효과를 높임
- 문이과 통합 교육 과정에 안성맞춤

이런 학생들에게 통합교과 시리즈를 추천합니다!

과학 교과를 처음 배우는 초등학교 **3학년**

과학이 지겹고 어렵게 느껴지는 **4학년**

개념
개념을 알아야 주제가 보인다!
개념 완벽 정리!

사회
주제와 관련된
사회 문제와
해결책 알아보기

생활
우리의 생활을
둘러보고 관련 정보
이해하기

인체
우리 몸의 신비함과
소중함을 깨닫기

음악
음악과 관련된
과학적 원리 살펴보기

통합교과 시리즈

차례

1화
아름다운 소리를 찾아라!
개념 소리란 무엇일까? 10

- 16 시끌벅적 소리의 발생
- 18 소리가 나려면 공기가 필요해! – 파동과 매질
- 20 진동수가 크거나 작으면? – 주파수
- 22 사람은 들을 수 없는 소리 – 초음파
- 23 메아리의 비밀 – 반사
- 24 쉿! 비밀이야! – 굴절과 회절
- 28 한 걸음 더 – 소리의 3요소

2화
지구를 구할 코스모스 1이
사회 생활 속의 소음 30

- 36 음악과 소음의 차이
- 38 소음 속에 사는 우리
- 40 소음을 줄이려면?
- 42 소음을 막는 다양한 장치
- 46 한 걸음 더 – 스마트폰으로 소음을 측정하자!
  층간 소음을 줄이기 위한 방법

3화
저기요, 베토벤 씨!
인체 소리를 내거나 듣는 원리 48

- 54 목소리의 비밀 – 발성 기관
- 56 목소리가 다 달라!
- 58 소리는 어떻게 들을 수 있을까? – 청각 기관
- 60 방향을 찾아 주는 소리
- 64 한 걸음 더 – 소음인데 좋은 소음 : 백색 소음

4화
악기가 필요해! `음악` 악기의 원리 66

- 72 악기를 나눠 봐!
- 75 건반을 두드려 봐! – 피아노
- 77 북을 울려 봐! – 타악기
- 74 기타를 튕겨 봐! – 현악기
- 76 피리를 불어 봐! – 관악기
- 78 아날로그 음악과 디지털 음악
- 82 한 걸음 더 – 악기를 만들어 연주해 보자!

5화
뮤즈인의 선물 `생활` 세상을 이롭게 하는 소리 84

- 90 청진기와 초음파를 활용한 진찰
- 94 사람들의 귀를 사로잡을 소리 디자인
- 92 초음파로 물고기와 어뢰를 찾아라!
- 95 소리로 세상을 보는 사람
- 98 한 걸음 더 – 유명한 콘서트홀의 비밀
       소리와 관련된 직업

- 100 워크북   110 정답 및 해설   112 찾아보기

등장인물

진이

넌튜브 개인 방송에 빠져 있는 한국인.
친구들과 백두산에 탐사하러 갔다가
엄청난 폭탄을 발견해요.
소쿠리테스 박사와 문제를 해결하려고
노력한답니다.

웨이브

진이의 미국인 친구.
겁이 많아 폭탄을 발견한 뒤로 몹시 무서워해요.
하지만 소쿠리테스 박사를 도와 폭탄이
터지는 걸 막기 위해 최선을 다해요.

퉁이

먹을 걸 좋아하는 중국인 친구.
진이의 넌튜브 중독을 늘 걱정해요.
수학과 과학 이야기만 나오면
어지러워한답니다.

소쿠리테스

소리에 대해 모르는 게 없는 척척박사.
외계인이 설치한 폭탄을 막기 위해
알고 있는 지식을 총동원하여 노력해요.
뱃살을 숨기려고 항상 고양이를
안고 다니는 건 쉿! 비밀이에요.

로비

소쿠리테스 박사가 만든 인공지능 로봇.
외계어도 척척 번역하는
똑똑한 비서예요.

 시끌벅적 소리의 발생

대부분의 사람들은 아침에 알람 소리를 듣고 잠에서 깨어나요. 못 일어날 땐 부모님의 큰소리에 깜짝 놀라 깨기도 하고요. 씻기 위해 물을 틀면 쏴~ 하는 소리가 나지요. 학교 가는 동안 빵빵거리는 자동차 소리에 짜증이 날 때도 있어요. 좋아하는 음악이 들릴 땐 기분이 좋고요. 이처럼 우리는 다양한 소리에 둘러싸여 살아요.

소리는 공기의 진동

우리 주변에는 이렇게 다양한 소리가 있는데요. 소리는 주로 공기를 통해 주변으로 전달돼요. 물이나 땅을 통해 전달되기도 하지요.

진동할, 떨 진 움직일 동

물체는 진동할 때 주변에 있는 공기를 눌러요. 이때 생기는 공기의 진동이 여러 곳으로 퍼져 나가는데, 이 현상이 바로 소리예요.

 자명종 소리를 떠올려 봐요. 작은 망치가 빠르게 양옆으로 움직이면서 종을 마구 두들기지요. 그러면 종이 떨리면서 주변의 공기를 진동시켜요. 이 공기의 진동이 자명종 소리랍니다.

공기를 통한 소리의 진동을 느껴 보자!

소리가 공기의 진동이라는 것을 느껴 볼 수도 있어요. 우선 종이를 한 장 준비해요. 종이를 입 앞에 대고 '아~' 소리를 길게 내 봐요. 그러면 종이가 바르르 떠는 것을 느낄 수 있어요. 공기의 진동이 종이를 떨게 하는 거예요. 마찬가지로 소리 나는 스피커 앞에 손을 살짝 대 봐요. 손에서 스피커의 떨림이 느껴질 거예요.

이처럼 우리가 흔히 듣는 소리의 정체는 바로 공기의 진동이랍니다.

공기의 진동을 전달하는 실 전화기

두 개의 종이컵을 실로 연결하면 진동을 이용한 전화기를 만들 수 있어요.

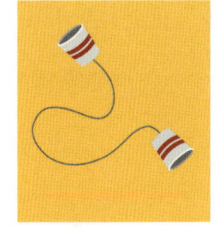

실 전화기가 완성되면 친구와 종이컵을 하나씩 잡고 실을 팽팽하게 만들어요. 그런 다음 한쪽 종이컵에 말을 하면, 컵의 진동이 실을 통해 다른 쪽 종이컵에 전달돼요. 그러면 종이컵이 떨리면서 컵 안에 있는 공기를 진동시켜 소리가 전달된답니다.

소리가 나려면 공기가 필요해! — 파동과 매질

우주 공간을 배경으로 한 영화를 보면, 우주선이 날아다니다가 폭발하는 장면에서 쾅! 하는 소리가 날 때가 있어요. 하지만 실제 우주에서는 아무 소리도 들을 수 없어요. 왜 그럴까요?

소리는 매질이 필요해!

강이나 호숫가에 돌을 던지면 물결이 퍼져 나가는 것을 볼 수 있어요. 이러한 현상을 '파동'이라고 해요.

물결 파   움직일 동

관계 맺을 매   바탕, 물질 질

물에 일어난 파동이 퍼져 나가려면 물결을 전달하는 물이 있어야 해요. 물처럼 파동을 전달하는 물질을 '매질'이라고 해요.

소리도 진동이 퍼져 나가는 현상이므로 파동의 하나예요. 물결이 매질인 물을 통해 퍼져 나가듯이 소리에도 매질이 필요해요.

그렇다면 우리가 평소에 대화를 나눌 때 이용하는 매질은 무엇일까요? 바로 공기랍니다.

물을 통해 퍼져 나가는 물결

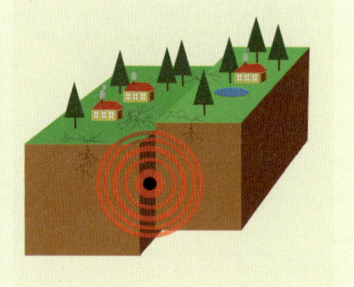
땅을 통해 퍼져 나가는 지진

소리 없는 우주

우주는 진공* 상태라서 공기가 없어요. 즉, 소리를 전달할 수 있는 매질이 없지요. 그래서 우주에서는 아무런 소리도 들을 수 없어요. 영화 속에서 우주선이 우주를 날아갈 때 큰 소리가 났다고요? 그건 과학적으로 틀린 거예요. 보는 사람에게 생생한 느낌을 전하기 위해 음향 효과를 넣었을 뿐이지요.

❶ 헬멧 속에 들어 있는 마이크와 이어폰
❷ 가슴에 달린 통신 장비

그렇다면 우주 공간에서 생활하는 우주인들은 어떻게 대화할까요? 우주인들은 우주복에 달린 무전기를 통해 대화를 나눠요. 자신의 말을 전파*로 바꿔서 다른 우주인에게 보내면, 전파가 다시 소리로 바뀌지요. 전파는 매질이 필요 없기 때문에 진공 상태에서도 전달이 잘돼요.

빛도 마찬가지로 매질이 필요 없어요. 그러므로 태양 빛이 우주를 지나 지구로 전달될 수 있지요. 진공에서도 빛이 이동할 수 있는 건 우리에게는 매우 다행이에요.

★ **진공** 물질이 아무것도 없는 공간
★ **전파** 이동하는 전기가 사방에 진동을 퍼뜨려서 생기는 파동

빛은 매질이 필요하지 않아서 공기가 없어도 지구까지 잘 전달돼요.

진동수가 크거나 작으면? – 주파수

소리는 공기가 진동할 때 생겨요. 그렇다고 해서 우리가 모든 소리를 다 들을 수 있는 건 아니에요. 공기의 진동이 너무 느리거나, 반대로 너무 빠르면 우리 귀에 들리지 않기 때문이에요.

팔랑팔랑 나비와 앵앵거리는 모기

보통 나비가 날아다니는 소리를 '팔랑팔랑', 모기가 날아다니는 소리는 '앵앵'이라고 해요.

하지만 잘 생각해 보면, 팔랑팔랑은 나비의 날갯짓 소리가 아니라 모습을 표현한 거예요. 실제로 나비가 날아다니는 소리는 듣지 못하니까요.

이와 달리 모기가 날아다니는 소리는 잠을 자다가 깰 정도로 귓가에 잘 들리지요. 이렇게 나비와 모기의 날갯짓 소리가 다른 이유는 날갯짓의 횟수가 다르기 때문이에요.

나비의 날갯짓도 공기를 진동시키지만, 그 진동 횟수가 너무 적어서 우리 귀에는 들리지 않아요. 반대로 모기의 날갯짓은 진동수가 많아서 매우 잘 들려요.

들을 수 있는 주파수

사람이 들을 수 있는 소리는 주파수가 20~20,000헤르츠인 소리예요. 주파수는 진동수라고도 하는데, 이는 '1초 동안 진동한 횟수'를 뜻해요.

> 주파수 = 진동수 = 1초 동안 진동한 횟수
>
> 100Hz = 1초에 100번 진동

주파수의 단위는 헤르츠(Hz)예요. 따라서 100헤르츠는 공기를 1초에 100번 진동시킨다는 뜻이에요.

사람에 따라 들을 수 있는 주파수는 조금씩 달라요. 특히 나이가 들거나 큰 소리를 자주 듣는 사람은 청력이 약해져서 들을 수 있는 주파수의 범위가 줄어들지요. 그래서 나타난 것이 틴벨이에요.

어른들은 못 듣는 벨 소리 - 틴벨

틴벨(teen bell)은 10대들만 들을 수 있는 소리를 휴대전화 벨 소리로 이용한 것이에요. 어른들은 청력이 약해져서 약 17,000헤르츠 이상의 소리를 잘 들을 수 없어요. 그 이상의 소리는 10대인 아이들만 들을 수 있답니다. 인터넷에서 틴벨을 검색해서 들어 봐요. 분명 선생님이나 부모님은 들을 수 없고, 여러분 귀에만 들릴 거예요.

 ## 사람은 들을 수 없는 소리 – 초음파

　20,000헤르츠보다 높은 주파수의 소리를 초음파라고 해요. 그리고 20헤르츠보다 낮은 주파수의 소리는 초저주파라고 불러요.
　초음파와 초저주파는 우리가 들을 수 없는 영역이에요. 하지만 몇몇 동물들은 이 영역의 소리를 듣고 활용한답니다.

초음파를 이용하는 동물

　박쥐는 부엉이에 비하면 보잘것없어 보이는 작은 눈을 가지고 있어요. 하지만 캄캄한 밤에도 자유롭게 날아다니며 나방이나 모기처럼 작은 곤충을 잡을 수 있지요. 박쥐가 발사한 초음파가 나무나 곤충에 부딪혔다가 반사되어 돌아오면, 박쥐는 그것으로 주변을 살피는 거예요. 소리로 세상을 본다고 할 수 있을 정도랍니다. 물속에 사는 돌고래도 초음파를 이용해 먹이를 찾고, 돌고래들끼리 대화도 나눈답니다.

박쥐는 초음파를 쏴서 먹잇감을 찾아요.

초저주파를 이용하는 동물

　코끼리는 초저주파를 이용하여 멀리 떨어져 있는 다른 코끼리에게 소리를 전달할 수 있어요. 멀게는 약 4킬로미터 이상 떨어진 곳까지 소리를 보낼 수 있지요. 기린, 코뿔소 등도 초저주파를 이용한답니다.

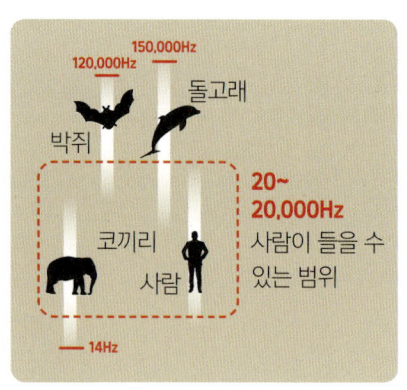
동물이 들을 수 있는 주파수 범위

메아리의 비밀 – 반사

깊은 동굴에 들어가면 물방울 소리가 길게 나요. 동굴에서 말을 하면 크게 울리기도 하지요. 커다란 건물 안이나 텅 빈 방에서도 소리를 내면 크게 울려요. 왜 그럴까요?

반사되는 소리

소리는 벽처럼 단단하고 평평한 곳에 부딪히면 반사되어 되돌아와요. 동굴에서 소리를 낼 때 크게 울리는 이유는 소리가 동굴 벽에 부딪혀 반사되기 때문이에요. 물방울이 동굴 바닥에 떨어져 '똑' 하고 소리가 나면, 그 소리는 사방으로 퍼져 나가요. 내가 물방울이 떨어지는 곳에 가까이 있다면, 그 소리는 내 귀에 제일 먼저 들릴 거예요. 그리고 더 먼 거리에 있는 동굴 벽으로도 퍼져 나가겠지요. 동굴 벽에 부딪힌 소리는 다시 여러 방향으로 퍼져 나가요. 거리가 멀수록 소리가 부딪혔다가 되돌아오는 시간도 오래 걸리므로, 소리가 길게 울리는 것이랍니다.

날아가던 공이 물체에 부딪치면 방향이 반대로 바뀌는 것처럼 소리도 반사되면 되돌아오지.

으악! 너무해요!

으~ 아프겠다.

쉿! 비밀이야! - 굴절과 회절

낮말은 새가 듣고, 밤말은 쥐가 듣는다는 속담은 항상 누군가 듣는 사람이 있을 수 있으니 말할 때 주의하라는 뜻이에요. 그런데 왜 하필 낮에 한 말은 위에 있는 새가 듣고, 밤에 한 말은 밑에 있는 쥐가 듣는다고 했을까요?

온도에 따라 달라지는 소리의 방향

소리는 공기의 온도에 따라 전달되는 속도가 달라요. 속도가 달라지면 진동의 진행 방향도 달라져요. 이처럼 공기의 조건이 달라져 소리가 휘어지는 현상을 소리의 굴절이라고 해요.

굽힐 굴 꺾을 절

소리는 온도가 높은 쪽에서 낮은 쪽으로 굴절해요. 낮에는 땅이 데워지기 때문에 위로 갈수록 온도가 낮아져요. 따라서 소리는 온도가 높은 땅에서 온도가 낮은 위쪽으로 휘어져요.

낮에는 소리가 위로 휘어요.

밤에는 소리가 아래로 휘어요.

반대로 밤에는 위쪽보다 땅의 기온이 더 낮기 때문에 소리가 아래쪽으로 휘어져 꺾여요. 그래서 낮말은 위에 있는 새가, 밤말은 땅에 있는 쥐가 듣는다는 속담은 과학적으로 맞는 말이랍니다.

곳곳에 귀가 있다?

아무도 없는 곳에서 친구랑 둘이서 비밀 이야기를 했는데, 다른 사람이 그 이야기를 듣게 되는 경우가 있어요. 분명 눈에 보이지 않는 다른 공간에 있는데, 어떻게 비밀 대화를 들었을까요? 이것은 소리가 회절되어 나타나는 현상이에요.

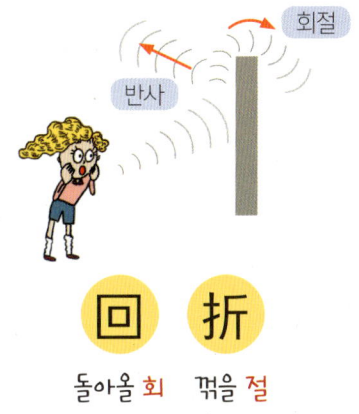

회절은 파동이 퍼지다가 물체를 에돌아 나아가는 현상이에요. 소리는 물체를 만나 반사되기도 하지만, 물체의 뒤로 돌아 들어가기도 하거든요. 방파제* 안쪽에 있는 배가 출렁이는 것이 회절 현상의 예이지요. 소리도 마찬가지로 물체 뒤를 에돌아 전달돼요. 그래서 담장이나 문 뒤에서 들리는 소리가 반대편에 있는 사람에게 들리는 것이랍니다.

★ **방파제** 바닷가에 굽어 들어간 장소에 파도를 막기 위하여 쌓은 둑

한눈에 쏙!

소리란 무엇일까?

소리의 발생과 매질
- 소리 : 주로 공기가 진동할 때 전달됨
- 물체가 진동하면서 주변에 있는 공기에 압력을 줄 때 소리가 생김
- 매질 : 파동을 전하는 물질
- 공기는 소리의 매질이므로, 공기가 없으면 소리 전달이 안 됨

주파수(진동수)
- 1초 동안 물체가 진동한 횟수
- 단위 : 헤르츠(Hz)
- 나이가 들거나 큰 소리를 자주 듣는 사람은 청력이 약해져 들을 수 있는 주파수의 범위가 줄어듦
- 주파수를 이용한 벨 소리 틴벨 : 주로 10대들만 들을 수 있는 휴대전화 벨 소리로, 대다수의 어른들은 청력이 약해져 들을 수 없음

초음파
- 20,000헤르츠보다 높은 주파수의 소리
- 박쥐나 돌고래는 초음파를 활용하여 먹잇감을 찾거나 의사소통을 함

초저주파
- 20헤르츠보다 낮은 주파수의 소리
- 코끼리, 기린, 코뿔소 등은 초저주파를 활용하여 소리를 전달함

소리의 반사
- 소리가 물체에 부딪혀 되돌아오는 현상
- 동굴에서 소리를 낼 때 크게 울리는 이유는 소리가 동굴 벽에 부딪혀 반사되기 때문 → 계속 여러 방향으로 멀리 퍼져 나가 소리가 길게 울림

소리의 굴절
- 공기의 조건이 달라져 소리가 휘어지는 현상
- 소리는 공기의 온도가 높은 쪽에서 낮은 쪽으로 굴절함
- 소리는 온도 차의 영향으로 낮에는 아래에서 위로, 밤에는 위에서 아래로 휘어짐

소리의 회절
- 소리가 퍼지다가 물체의 뒤편이나 주변을 에돌아 나아가는 현상
- 회절의 또 다른 예 : 방파제 안쪽에 있는 배가 출렁이는 것

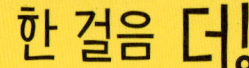

소리의 3요소

소리는 크기, 높낮이, 맵시로 구분할 수 있어요. 이를 소리의 3요소라고 하지요. 이 3가지는 어떤 차이가 있을까요?

소리의 크기

소리의 세기를 말해요. 음악의 크기(볼륨)를 높이거나 북을 힘껏 치면 소리의 크기가 커져요. 이것은 소리의 진폭이 커지기 때문이랍니다. 진폭은 얼마나 크게 진동하는가를 나타내요. 피아노에서 같은 '도' 건반을 눌러도 세게 누를 때와 살살 누를 때 차이가 나는 것이 바로 소리의 크기 차이예요.

소리의 높낮이

방금 눌렀던 '도' 건반보다 한 옥타브 위의 도를 같은 세기로 누르면 소리가 어떻게 달라질까요? 소리의 크기는 같겠지만, 높낮이가 달라져요. 한 옥타브 위의 도 건반을 누르면 더 높은 소리가 납니다.
여자 성악가의 목소리가 남자 성악가의 목소리보다 소리가 높아요. 그래서 일반적으로 여자 성악가가 더 높은 음역대의 소리를 낸답니다.

같은 '도'지만 소리의 높낮이가 달라요.

소리의 맵시

같은 곡을 연주해도 바이올린과 플루트가 내는 소리는 전혀 달라요. 다른 악기임을 구분할 수 있는 것은 소리의 맵시가 다르기 때문이에요.

아름다운 목소리를 지녔다는 것은 목소리의 맵시가 아름답다는 뜻이지요. 아빠와 삼촌의 전화 목소리가 잘 구분되지 않는 것은 두 사람의 소리의 맵시가 비슷하기 때문이랍니다.

인기 있는 TV 방송 중 무대 뒤에 숨어 있는 진짜 가수를 찾는 프로그램이 있어요. 이 방송은 목소리의 맵시가 비슷한 사람을 모아서 숨겨 두는 것이랍니다.

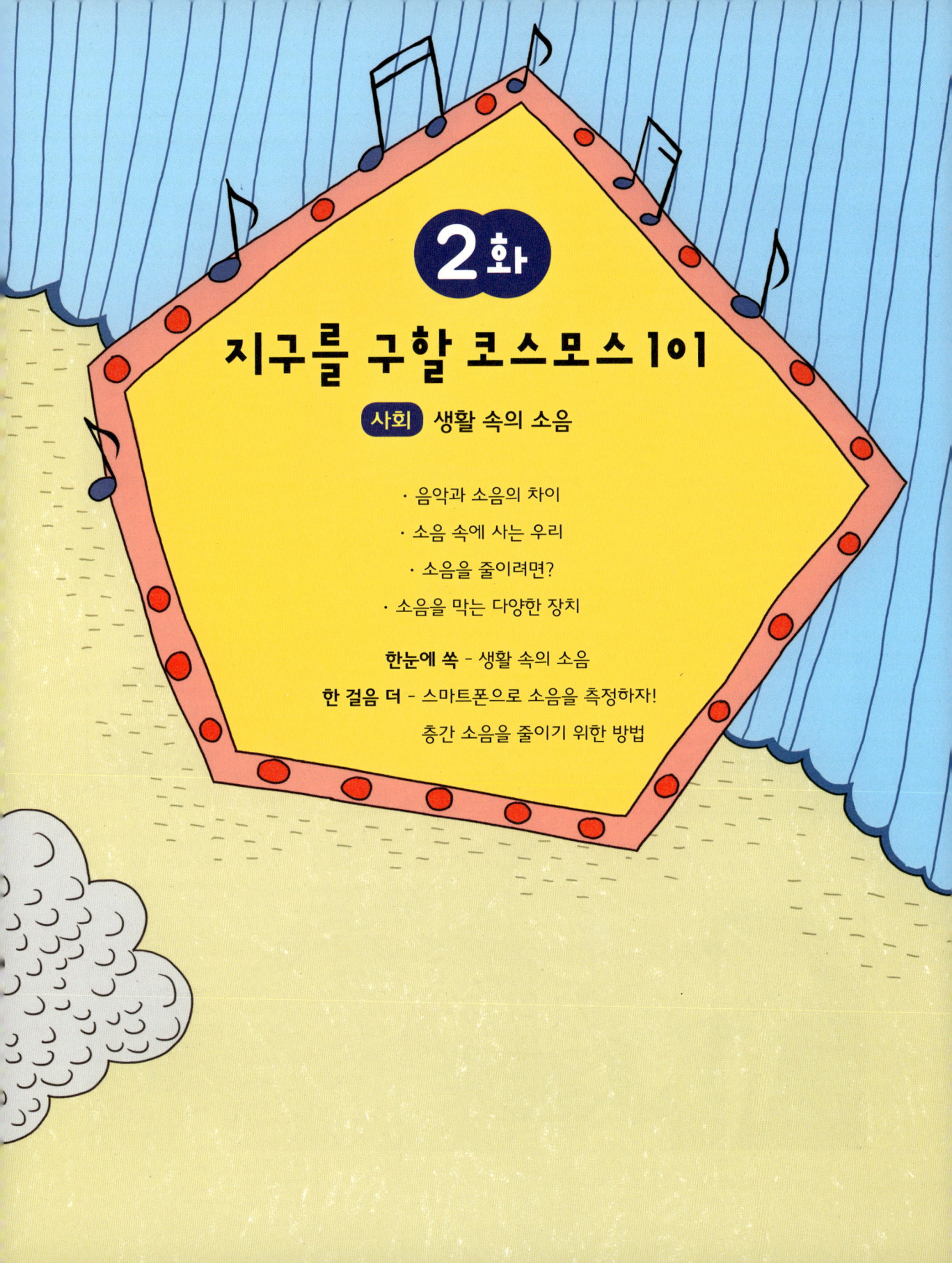

음악과 소음의 차이

음악은 박자, 소리의 높낮이 등의 형식을 조화롭게 결합하여, 사람의 목소리나 악기를 이용해 표현한 소리예요. 소음은 듣는 사람의 기분을 불쾌하게 하는 소리지요. 음악과 소음, 둘 다 소리인데 왜 다른 기분을 느끼게 하는 걸까요?

불규칙한 진동 소음

끼이이익! 손톱으로 칠판을 긁는 소리나 금속이 마찰하면서 나는 소리, 유리를 할퀴는 소리 등은 누구나 싫어하는 소리예요. 음악과 달리 이런 소리는 불규칙하게 공기를 진동시키지요.

물론 규칙적인 진동수의 소리라고 모두 듣기 좋은 것은 아니에요. 예를 들어 '삐이~' 하는 일정한 진동수의 전자음처럼, 아무런 변화 없는 소리도 사람의 기분을 나쁘게 만들지요. 비명 소리처럼 진동수가 너무 큰 소리도 소음으로 들리고요.

이러한 소음의 특징을 보면 대부분 자연에서는 듣기 어려운 소리라는 공통점이 있어요. 평소에 우리가 잘 들을 수 없는 소리가 대부분 소음으로 느껴지는 것이지요.

음악도 소음일 수 있을까?

사람들은 보통 자신이 좋아하는 음악을 들으면 기분이 좋아져요. 반대로 소음을 들으면 불쾌함을 느끼지요. 하지만 이러한 구분이 절대적이지는 않아요. 소음은 개인마다 차이가 있기 때문이에요. 같은 음악을 들어도 어떤 사람에게는 그 음악이 소음이 되기도 하거든요.

대표적인 예가 바로 헤비메탈★이에요. 헤비메탈은 매우 시끄러운 음악으로, 이 장르를 좋아하는 사람에게는 듣기 좋은 소리로 들려요. 그러나 시끄러운 소리를 싫어하는 사람에게는 소음이지요.

이처럼 어떤 사람에게는 아름다운 음악으로 여겨지는 소리가 다른 사람에게는 소음으로 들리기도 해요. 즉, 어떤 소리든 소음이 될 수 있다는 뜻이에요. 다른 사람을 배려하지 않는 노랫소리나 음악은 소음이 될 수 있다는 점, 잊지 말아요.

★ **헤비메탈** 묵직한 느낌을 주는, 전자 악기를 이용해 내는 금속음이 특징인 록 음악

소음 속에 사는 우리

우리는 항상 크고 작은 소리에 둘러싸여 살아요. 우주 공간처럼 진공인 곳이 아니라면 완벽하게 아무런 소리도 들리지 않는 곳은 없답니다. 그렇다면 소음은 소리의 세기가 어느 정도일까요?

소리의 세기 단위 - 데시벨

소리의 세기는 데시벨(dB)이라는 단위로 나타내요. 마찬가지로 소음의 크기도 데시벨로 나타내요.

사람이 들을 수 있는 가장 작은 소리가 0데시벨이에요. 10데시벨마다 소리의 세기는 10배씩 커져요. 그래서 40데시벨의 소리는 20데시벨보다 20배 센 소리가 아니에요. 무려 100배나 더 센 소리지요.

보통 수업 중인 교실은 50데시벨, 붐비는 도로는 70데시벨 정도예요. 도로가 교실보다 무려 100배나 더 시끄럽다는 거예요.

왜 사람들이 빵빵거리는 혼잡한 도로를 싫어하는지 알겠지요?

불꽃놀이	140 dB	고통스러움
비행기	130 dB	
사이렌	120 dB	
트롬본	110 dB	굉장히 시끄러움
헬리콥터	100 dB	
헤어드라이어	90 dB	
트럭	80 dB	매우 큰 소리
도로	70 dB	큰 소리
말소리	60 dB	보통
빗소리	50 dB	
냉장고	40 dB	조용함
속삭임	30 dB	
숲속	20 dB	
숨쉬기	10 dB	
	0 dB	

소음의 영향

소음은 우리 몸과 마음에 영향을 줘요. 소음을 듣고 있으면 스트레스를 받게 되고, 호흡과 맥박이 빨라져요. 심한 경우에는 소화 기능이 떨어지기도 하고, 피가 잘 흐르지 않아 심장에 나쁜 영향을 주지요.

소음은 공부나 일을 할 때도 방해가 돼요. 집중력이나 이해력이 떨어지기 때문이지요.

밤에 소음을 들으면 잠을 제대로 잘 수 없어요. 잠을 제대로 못 자면, 다음 날 정상적인 생활이 어려워요. 그만큼 소음은 우리에게 나쁜 영향을 많이 줍니다.

소음 때문에 생기는 사회 문제

빵빵거리는 자동차 경적*은 주변 사람을 깜짝 놀라게 해요. 이 소리로 인해 운전자들끼리 싸우기도 하지요. 또 경적을 듣고 화가 난 운전자가 보복 운전을 해서 사고가 나기도 해요. 요즘엔 아파트 층간 소음 때문에 이웃 간에 큰 싸움이 일어나기도 하지요.

정부에서는 이러한 문제를 해결하기 위해 국가소음정보시스템(www.noiseinfo.or.kr)을 운영하여 다양한 정보를 제공하고 있어요. 또 층간소음 이웃사이센터(1661-2642)를 통해 이웃 간에 벌어지는 소음 문제를 해결하려고 노력하고 있답니다.

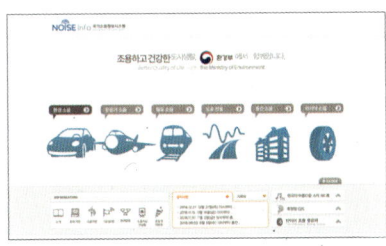

★ **경적** 주의를 주기 위해 내는 소리 또는 장치

소음을 줄이려면?

아파트나 다세대 주택에서는 아무리 조심히 생활한다 해도 층간 소음이 생기기 마련이에요. 그래서 다른 집에서 들려오는 약간의 소음은 이해할 수 있어야 해요. 물론 소음이 발생하지 않도록 하는 것이 제일 좋겠지요?

가정의 소음 줄이기

아이들이 있는 가정에서는 바닥에 두꺼운 매트를 깔아요. 매트는 아이들이 쿵쿵거리며 걷거나 뛸 때 바닥의 진동을 줄여 줘요. 위층의 바닥이나 벽면의 진동이 아래층에 전달되면 아래층의 공기를 진동시켜 소음을 만들어 내거든요.

트레드밀

전동 안마기나 트레드밀과 같은 기계 바닥에도 두꺼운 패드를 깔면 진동을 흡수하여 소음을 줄일 수 있어요.

진공청소기처럼 패드를 깔 수 없는 물건은 늦은 밤에 사용하지 않도록 해요.

자동차의 소음 줄이기

자동차의 소음기도 소음을 줄이는 역할을 해요. 자동차에서 생기는 배기가스*를 그대로

★ **배기가스** 기계에서 불필요하게 되어 내보내는 가스

자동차 소음기

내보내면 엄청난 소음이 발생해요. 그래서 소음기를 이용해 소음을 줄이지요. 몇몇 나쁜 운전자는 자동차의 심장인 엔진을 좀 더 세게 하거나 멋을 내려고 소음기를 없애기도 해요. 소음기가 없으면 매우 시끄럽기 때문에 다른 사람들에게 피해를 줘요.

자동차에서 발생하는 가장 큰 소음은 경적이에요. 급한 상황이 아니라면 되도록 경적을 울리지 말아야 해요. 자신이 화가 났다고 해서 경적을 오랫동안 울리는 것은 많은 사람에게 피해를 주는 행동이랍니다.

소음을 쏙 빨아들이는 흡음

빨아들일 흡 소리 음

흡음은 소리를 흡수한다는 뜻이에요. 마치 스펀지가 물을 빨아들이듯, 소리를 쏙 흡수하는 거예요.

흡음하는 물체인 흡음재는 스펀지처럼 구멍이 많이 나 있어요. 실제로 스펀지도 흡음 역할을 해요. 소리가 흡음재의 구멍으로 들어가면 반사되어 빠져나가기 전에 그 안에서 여러 번 반사가 일어나 진동을 흡수하지요. 그 과정에서 소리가 줄어들어요.

여러분의 교실 천장을 한번 살펴봐요. 여러 가지 모양으로 조그만 홈이 파인 것을 볼 수 있을 거예요. 이 또한 흡음 장치로, 교실에서 소리가 울리는 것을 막지요. 덕분에 소리가 메아리처럼 울리지 않는답니다.

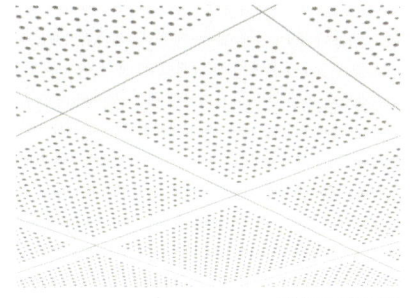

천장용 흡음재

소음을 막는 다양한 장치

큰 길가에 살다 보면 도로에서 나는 소리가 시끄러울 때가 있어요. 특히 고속 도로 주변은 자동차가 빠른 속도로 쌩쌩 달려서 소음이 크지요. 이러한 소음으로부터 주변 사람들이 피해를 당하지 않도록 방음하는 장치들이 있어요. 어떤 것이 있는지 살펴봐요.

막을 방　소리 음

소음을 막는 방음벽

고속 도로나 자동차 전용 도로를 지나다 보면 도로와 건물 사이에 벽을 세워 놓은 것을 본 적 있을 거예요. 이 벽을 방음벽이라고 해요.

방음벽은 도로에서 발생한 소음이 아파트로 전달되기 전에 소리를 다시 도로로 반사해요. 그래서 고속 도로 옆에 있는 아파트라도 방음벽이 설치되어 있으면 크게 시끄럽지 않답니다.

다양한 용도로 쓰이는 방음벽

요즘에는 방음벽을 단순히 소리만 차단하는 용도로 사용하지 않아요.

방음벽에 태양 전지판을 붙여서 전기를 얻기도 해요.

방음벽은 도로뿐만 아니라 소음이 발생하는 다양한 곳에 설치해요. 공사장에도 소음을 차단하기 위한 벽이 있어요. 공사장에 높게 설치된 금속 벽은 안전을 위해 사람이 공사장 주변에 가까이 오는 것을 막기도 하지만, 소음을 막는 역할도 한답니다.

소음을 막는 창문

창문도 소리를 차단해요. 특히 유리가 2, 3개 들어 있는 창은 방음 효과가 매우 커요. 어느 정도의 소리는 창문을 진동시켜 집 안으로 들어오긴 하지만, 맨 바깥에 있는 유리에 소리가 부딪혀 진동이 많이 반사돼요. 아예 창문을 이중, 삼중으로 설치하는 것도 좋은 방법이에요. 안쪽 창문에 다시 반사되어 집 안 내부로 들어오는 소리는 매우 작답니다.

생활 속의 소음 • 43

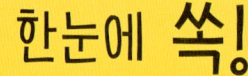

생활 속의 소음

음악 vs 소음

- 음악 : 박자, 소리의 높낮이 등의 형식을 조화롭게 결합하여, 사람의 목소리나 악기를 이용해 표현한 소리
- 소음 : 듣는 사람의 기분을 불쾌하게 하는 소리
- 불규칙하게 공기를 진동시키는 소리는 누구나 싫어함
  예) 금속이 마찰되면서 나는 소리, 손톱으로 칠판을 긁는 소리
- 진동이 규칙적인 소리 중에도 기분 나쁜 소리가 있음
  예) '삐이~' 하는 일정한 진동수의 전자음
- 진동수가 너무 큰 소리도 소음이 될 수 있음
  예) 비명
- 소음의 특징 : 자연에서 듣기 어려운 소리
  　　　　　　평소에 우리가 잘 들을 수 없는 소리
- 소음을 느끼는 것에는 개인마다 차이가 있음
  예) 헤비메탈 – 헤비메탈을 좋아하는 사람에게는 듣기 좋은 소리지만, 시끄러운 소리를 싫어하는 사람에게는 소음일 수 있음

소음 속에 사는 우리

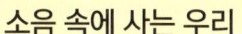

- 데시벨(dB) : 소리의 세기를 나타내는 단위
- 사람이 들을 수 있는 가장 작은 소리가 0데시벨
- 10데시벨마다 소리의 세기가 10배씩 커짐
- 소음을 들으면? 스트레스를 받음, 호흡과 맥박이 빨라짐, 집중력이나 이해력 떨어짐, 잠을 이루지 못함, 심한 경우에는 소화 기능이 떨어지거나 피가 잘 흐르지 않음
- 소음으로 인해 생기는 사회 문제 : 층간 소음으로 인한 이웃과의 다툼, 경적으로 인한 보복 운전 등
- 소음으로 인한 갈등이 심할 경우 국가소음정보시스템이나 층간소음 이웃사이센터에 도움 요청

소음을 줄이거나 막는 방법

- 가정 : 바닥에 매트 깔기
- 자동차 : 자동차 소음기 달기
- 교실 또는 사무실 : 흡음재 설치
- 도로 : 방음벽 설치

한 걸음 더!

스마트폰으로 소음을 측정하자!

우리는 매 순간 다양한 소리에 둘러싸여 생활하고 있어요. 실제로 우리 주변에서 나는 소음이 어느 정도인지 측정해 볼까요?

스마트폰 앱으로 데시벨을 확인하자!

소음이 어느 정도인지 측정하는 가장 쉬운 방법은 앱을 활용하는 거예요. '소음 측정'으로 검색하면 무료 앱이 몇 개 나와요.

작동 방법은 앱마다 조금씩 차이가 있지만 사용하기 어렵지 않아요.

다양한 소음 측정 앱

앱을 다운 받았으면 소음을 측정해 보세요. 대화할 때나 TV를 켰을 때, 조용하게 가만히 있을 때 소음이 얼마나 되나요? 창문을 열었을 때와 닫았을 때의 소음 크기도 측정해 봐요. 창문이 얼마나 소음을 차단해 주는지 알 수 있답니다.

TV를 켜 놓고 스마트폰을 가까이 가져갔을 때와 멀리 했을 때 소음의 크기는 어떻게 변하는지도 확인해 봐요. 멀어질수록 소음의 크기가 작아지는 것을 알 수 있을 거예요.

층간 소음을 줄이기 위한 방법

요즘 집은 한 건물에 여러 가족이 사는 아파트나 다세대 주택이 많아요. 우리 가족만 사는 공간이 아니라, 여러 사람이 함께 살아가는 공간인 셈이지요. 따라서 나의 잘못된 행동이 이웃에게 피해를 줄 수 있다는 점을 늘 기억해야 해요.

최근에는 층간 소음 때문에 이웃과 다투는 사례가 많아요. 함께 사는 공간인 만큼, 층간 소음을 줄이기 위해 노력해야 해요. 실천할 수 있는 방법으로 어떤 것이 있을까요?

- 거실에서 쿵쿵거리며 뛰거나 걷지 않아요.

- 문을 쾅 닫지 말고 살살 닫아요.

- 밤늦은 시간부터 새벽까지는 청소나 설거지, 세탁, 샤워 등을 하지 않아요.

- 밤늦은 시간에는 텔레비전 소리를 줄이고, 악기 연주를 하지 않아요.

목소리의 비밀 – 발성 기관

아름다운 새소리, 강아지가 짖는 소리 등 동물들은 다양한 소리를 내요. 하지만 어떤 동물도 사람처럼 말을 하지는 못하지요. 사람의 목소리를 흉내 내는 앵무새 같은 동물이 있긴 하지만, 단순히 소리만 흉내 낼 뿐이에요. 어떻게 사람은 다양한 말을 할 수 있을까요?

성대를 떨어서 만드는 울림소리

가장 훌륭한 악기는 사람의 목소리라는 말이 있어요. 사람은 발성 기관이 잘 발달하여 다양한 소리를 낼 수 있기 때문이에요.

사람은 성대★(목청)와 혀, 입술을 이용해 다양한 소리를 내요. 특히 다른 동물과 달리 말을 할 수 있지요. 폐에서 공기를 내보내면 기도★를 따라 올라온 공기가 성대의 떨림에 영향을 받아 진동해요.

지금 한번 입을 벌리고 "아~!" 하는 소리를 내 봐요. 이때 목에 손을 대

★ **성대** 후두 속에 있는 근육 조직으로, 소리를 내거나 숨을 쉴 때 적절하게 움직임
★ **기도** 숨을 쉴 때 공기가 지나가는 길

보면 떨림이 느껴질 거예요. 그건 바로 성대가 떨리기 때문이에요.

이와 같이 성대의 떨림으로 만들어 내는 소리를 울림소리(유성음)라고 해요.

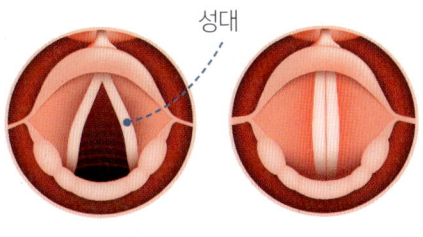

주로 숨을 쉴 때 열림   말할 때 좁아지면서 떨림

성대의 떨림을 사용하지 않는 안울림소리

폐에서 나온 공기가 성대를 지나갈 때, 반드시 성대를 울려야만 소리를 낼 수 있는 것은 아니에요. 성대를 울리지 않고 나는 소리도 있지요. 이러한 소리를 안울림소리(무성음)라고 불러요.

자음 중에는 'ㄱ', 'ㅂ', 'ㅌ'처럼 원래 성대가 울리지 않는 소리가 있어요. 하지만 'ㅏ', 'ㅔ', 'ㅗ'와 같은 국어의 모음은 모두 울림소리이기 때문에 말을 할 때는 성대가 계속 울릴 수밖에 없어요.

소리는 우리가 숨을 쉴 때 폐로 들어온 공기가 성대와 빈 공간(코안, 입안 등)을 지나 진동이 커지면서 만들어져요.

이렇게 사람의 발성 기관은 다른 동물과 비교할 수 없을 만큼 다양한 소리를 낼 수 있는 구조로 되어 있답니다.

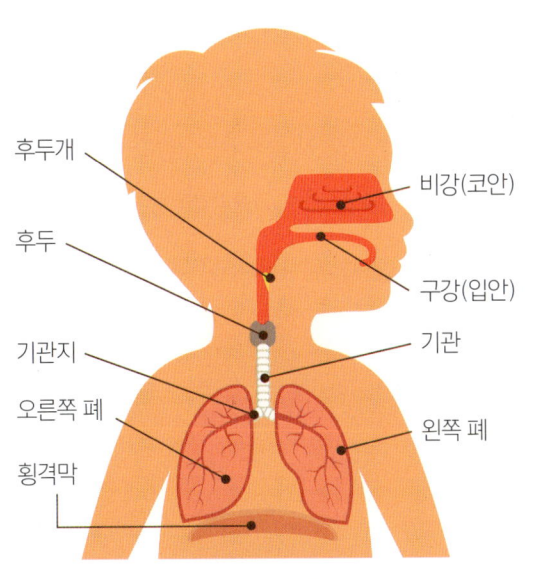

사람의 발성 기관

목소리가 다 달라!

남성과 여성은 목소리의 느낌이 달라요. 남성의 목소리는 낮고 굵지만, 여성은 높고 가늘어요. 어른과 아이의 목소리도 느낌이 다르지요. 자라면서 목소리가 달라지기 때문이에요. 왜 사람의 목소리는 다 다른 걸까요?

테너보다 높은 소프라노 소리

성악가나 합창단의 공연을 본 적 있나요? 이러한 공연에서 가장 높은음을 내는 여성과 남성을 각각 소프라노, 테너라고 해요. 소프라노는 테너보다 더 높은 소리를 내지요. 이때 대부분의 여성은 남성보다 더 높은 소리를 낼 수 있어요. 여자의 목소리가 남자보다 진동수가 더 크기 때문이지요.

아직 변성기가 오지 않았을 때는 남자아이나 여자아이 모두 목소리가 비슷해요. 그러다 변성기가 지나면서 남자의 성대가 여자보다 더 길고 두터워져요.

그래서 남자가 여자보다 낮은 소리가 난답니다.

변성기가 오면 성대의 길이와 굵기에 변화가 생겨 목소리가 달라진단다.

★ **변성기** 사춘기에 성대에 변화가 일어나 목소리가 달라지는 시기

목소리의 진동수를 변화시켜라 - 음성 변조

 기계 등을 이용해 목소리를 바꾸는 것을 음성 변조라고 해요. 음성 변조는 방송에서 종종 볼 수 있어요. 영화나 드라마에서 범인이 자신의 목소리를 숨기기 위해 음성 변조 장치를 이용하여 전화를 하지요. 또 뉴스나 다큐멘터리에서 인터뷰를 할 때 그 사람의 신분을 숨기기 위해서도 사용해요.

 이러한 음성 변조는 목소리의 진동수를 바꿔서 만들어요. 진동수가 크면 가늘고 높은 목소리로 들리고, 진동수가 작으면 두껍고 낮은 목소리처럼 들린답니다.

다른 소리 흉내 내기 - 성대모사

 다른 사람의 목소리나 동물의 울음소리, 기계음 등을 흉내 내는 것을 성대모사라고 해요. 성대모사를 잘하는 사람들은 성대의 진동수와 음색을 조절하여 자신의 목소리를 변화시키지요.

 다른 사람의 소리를 완벽하게 똑같이 낼 수는 없지만, 소리의 특징을 연구하면 비슷하게 흉내 낼 수 있답니다.

 ## 소리는 어떻게 들을 수 있을까? - 청각 기관

귀는 소리를 듣는 기관이에요. 아름다운 음악 소리부터 짜증 나게 하는 소음까지, 모두 귀를 통해 듣지요. 우리의 귓속은 어떻게 되어 있기에 소리를 들을 수 있는 걸까요?

소리를 듣는 귀의 비밀

공기의 진동을 느껴 소리를 알게 하는 감각을 청각이라고 해요. 귀는 청각을 느낄 수 있는 구조로 이루어져 있어요.

들을 청 깨달을 각

우리가 흔히 귀라고 부르는 것은 사실 귓바퀴예요. 귓바퀴는 소리를 모으는 역할을 하지요. 귓바퀴에서 모은 소리는 외이도를 따라 고막으로 전달돼요. 고막은 소리를 느끼고 진동하는 얇은 막이에요. 고막은 두께가 겨우 0.1밀리미터, 즉 머리카락 굵기 정도밖에 안 돼요.

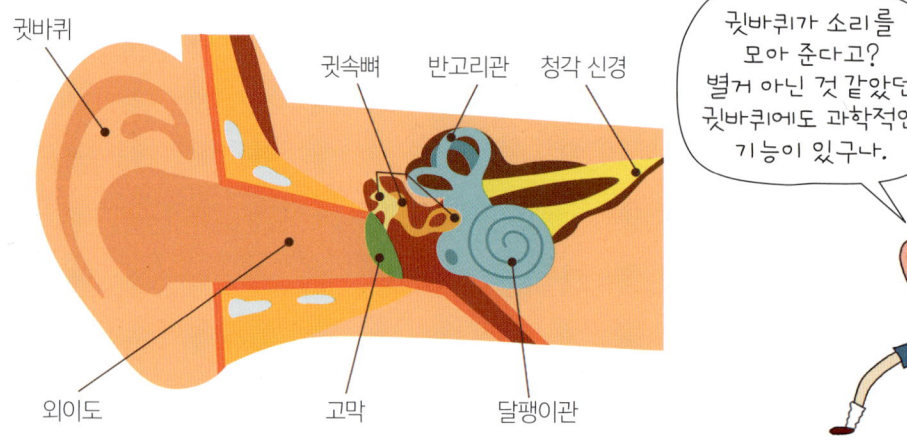

귓속뼈는 고막의 진동을 더 크게 울리게 하여 달팽이관으로 전달해요. 달팽이관에는 진동을 느끼는 청각 세포가 들어 있어요.

청각 세포는 소리를 감지한 뒤, 그 신호를 청각 신경을 통해 대뇌로 전달해요. 청각 신경은 뇌와 연결되어 있거든요. 결국 소리는 뇌에서 느끼는 것이랍니다.

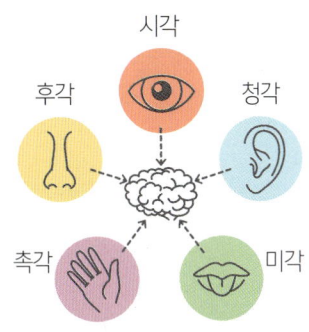

모든 감각은 신경을 통해 뇌로 전달돼요.

귀에 숨어 있는 또 다른 기능 균형 감각

T!P

귀는 소리를 듣는 일 말고, 중요한 기능을 한 가지 더 담당하고 있어요. 바로 몸의 균형을 느끼는 일이지요.

귀에 있는 반고리관은 몸의 회전 운동을, 전정 기관은 몸의 기울기를 느껴요. 손으로 코끼리 코를 만들고 빙글빙글 돌다가 멈춰 봐요. 그러면 바로 서지 못하고 어지러워서 비틀거릴 거예요. 이때 어지러움을 느낀 것은 반고리관과 전정 기관 때문이랍니다. 우리는 반고리관과 전정 기관 덕분에 몸의 균형을 유지하고, 체조나 발레 같은 운동도 할 수 있는 거예요.

방향을 찾아 주는 소리

밤길을 가다가 어디선가 소리가 나면, 우리는 소리가 난 방향을 쳐다보게 돼요. 보이지 않아도 소리가 들리는 방향을 알 수 있는 이유는 무엇일까요?

소리의 도착 시간이 달라!

소리가 나는 방향을 알 수 있는 이유는 양쪽 귀에 들리는 소리가 다르기 때문이에요. 같은 소리가 다르게 들리다니, 참 이상한 말이지요?

예를 들어, 옆에서 친구가 내 이름을 부르면 분명 그 소리는 하나예요. 하지만 그 소리가 우리 귀로 들어올 때는 약간의 차이가 생겨요. 바로 두 귀의 위치가 다르기 때문이지요.

소리가 오른쪽에서 들릴 때를 생각해 봐요. 소리는 왼쪽 귀보다 오른쪽 귀에 조금 먼저 들어가겠지요. 만일 친구가 정면*에서 나를 불렀다면, 소리가 양쪽 귀에 동시에 들어갈 거예요.

★ **정면** 똑바로 마주 보이는 면

이처럼 같은 소리라도 소리가 나는 위치에 따라 양쪽 귀에 도착하는 시간이 달라요. 시간 차이는 아주 짧지만 우리 뇌는 그 차이를 느낄 수 있답니다. 차이가 크면 클수록 가운데에서 한쪽으로 쏠려 있다는 것을 알아차리는 거예요.

양쪽 귀에 도착하는 소리의 세기와 모양도 달라!

소리의 도착 시간만으로 소리가 나는 위치를 알아내는 것은 아니에요. 양쪽 귀에서 소리가 나는 곳까지의 거리가 다르면 소리의 세기에도 차이가 생겨요. 거리가 더 멀면 소리의 세기도 줄어들지요. 또한 진동하는 모양(위상)의 차이를 가지고도 위치를 확인해요.

이처럼 소리의 도착 시간, 세기, 모양, 이 3가지 조건은 소리의 위치에 따라 달라져요. 우리의 귀는 머리 양쪽에 하나씩 달려 있기 때문에 이 조건의 차이를 깨닫고 위치를 확인할 수 있답니다.

사람의 눈은 왜 2개일까?

손바닥으로 한쪽 눈을 가린 뒤 주변을 살펴봐요. 그 상태에서 친구가 던져 주는 물건을 받아 봐요. 아마 잘 받지 못할 거예요. 한쪽 눈만으로는 물체의 거리가 어느 정도 떨어져 있는지 제대로 알기 어렵기 때문이에요.
두 눈이 있어야 주변 사물과의 거리가 어느 정도 멀고 가까운지 알 수 있답니다.

한눈에 쏙!

소리를 내거나 듣는 원리

발성 기관

- 사람이 다양한 소리로 말을 할 수 있는 건 발성 기관이 발달했기 때문
- 폐에서 공기를 내보내면 기도를 따라 올라온 공기가 성대의 떨림에 영향을 받아 진동함
- 성대 : 후두 속에 있는 근육 조직으로 소리를 내거나 숨을 쉴 때 움직임

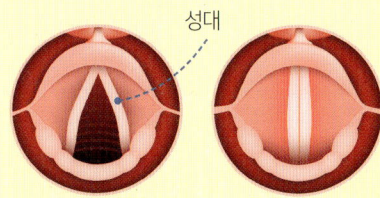

주로 숨을 쉴 때 열림 / 말할 때 좁아지면서 떨림

사람의 발성 기관

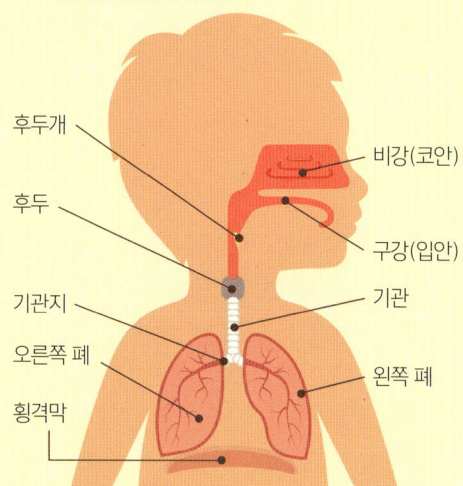

후두개, 후두, 기관지, 오른쪽 폐, 횡격막, 비강(코안), 구강(입안), 기관, 왼쪽 폐

- 울림소리(유성음) : 성대가 떨리면서 나는 소리
- 안울림소리(무성음) : 성대를 울리지 않고 나는 소리

목소리의 변화
- 여자의 목소리가 남자보다 높은 이유 : 목소리의 진동수가 더 크기 때문
- 남자의 성대는 여자보다 두껍고 길기 때문에 낮은 소리가 남
- 변성기가 오면 성대의 길이와 굵기에 변화가 생겨 목소리가 달라짐
- 변성기 : 사춘기에 성대에 변화가 일어나 목소리가 달라지는 시기
- 음성 변조 : 기계 등을 이용해 목소리를 바꾸는 것으로, 목소리의 진동수를 바꿔서 만듦
- 성대모사 : 다른 사람의 목소리나 동물의 울음소리 등을 흉내 내는 것
- 성대모사를 잘하는 사람들은 성대의 진동수와 음색을 조절하여 자신의 목소리를 변화시킴

청각 기관
- 귀로 소리를 듣는 기관
- 소리는 귓바퀴, 외이도, 고막, 달팽이관 등을 지나 청각 신경을 통해 대뇌로 전달됨
- 소리가 나는 방향을 알 수 있는 이유 : 양쪽 귀에 소리가 도착하는 시간, 세기, 모양이 다르기 때문

한 걸음 더!

소음인데 좋은 소음 : 백색 소음

아주 조용한 도서관보다 약간의 소음이 있는 장소에서 공부가 더 잘됐던 적 있나요? 그런 경험이 있다면 여러분은 이미 백색 소음의 효과를 느껴 본 적이 있는 거예요.

백색 소음이란?

백색 소음은 여러 주파수의 소리를 골고루 섞어 놓은 소리예요. 일반적으로 50~70데시벨 정도의 주파수이지요. 이는 일상생활에서 들리는 소리 정도로, 우리에게 편안함을 느끼게 해요.

백색 소음에는 어떤 게 있을까?

백색 소음은 주로 자연에서 들을 수 있는 소리가 많아요. 숲속 소리, 빗소리, 귀뚜라미 소리, 물 흐르는 소리, 파도 소리 등이 있지요.
백색 소음에는 자연의 소리만 있는 것은 아니에요. 진공청소기나 선풍기, 자동차 소리 같은 소음도 백색 소음이 될 수 있답니다.

학습에 도움이 되는 백색 소음

백색 소음을 듣고 있으면 긴장이 풀리고, 집중력과 기억력이 높아져요. 뇌에서 몸과 마음이 안정될 때 생기는 뇌파가 나오기 때문이에요. 그래서 백색 소음을 들으며 공부하면 학습 효과가 향상된다는 연구 결과도 있답니다.

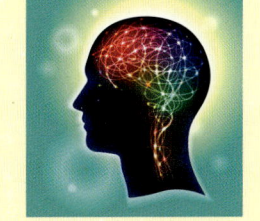

백색 소음으로 차분해지는 마음

백색 소음은 스트레스를 풀어 주고, 마음을 차분하게 만들어 줘요. 밤에 잠을 자지 못하는 불면증 환자들에게도 큰 도움이 돼요. 그래서 백색 소음을 들려주어 잠을 잘 자게 해 주는, 불면증 환자들을 위한 앱도 있답니다.

물론 백색 소음이 우리 몸에 좋은 영향을 주긴 하지만, 지나치게 오랫동안 듣고 있으면 오히려 역효과가 날 수 있어요. 따라서 필요한 시점에 적당히 들어야 해요.

빗소리를 들으니 마음이 차분해져.

★ **역효과** 기대했던 것과 정반대가 되는 효과

 악기가 필요해!

음악 악기의 원리

- 악기를 나눠 봐!
- 기타를 튕겨 봐! - 현악기
- 건반을 두드려 봐! - 피아노
- 피리를 불어 봐! - 관악기
- 북을 울려 봐! - 타악기
- 아날로그 음악과 디지털 음악

한눈에 쏙 - 악기의 원리
한 걸음 더 - 악기를 만들어 연주해 보자!

악기를 나눠 봐!

악기는 소리를 내는 방식에 따라 여러 가지로 나눌 수 있어요. 일반적으로는 공기를 진동시키는 방법에 따라 현악기, 관악기, 타악기 등으로 구분해요.

樂 器
음악 악   그릇, 도구 기

줄을 이용하는 현악기

현악기는 줄을 튕기거나 문지르거나 때려서 소리를 내는 악기예요. 기본적으로 줄을 진동시켜 소리를 내지요. 기타나 하프, 가야금 등은 손으로 줄을 튕겨서 소리를 내요. 바이올린이나 비올라, 첼로 그리고 해금이나 아쟁과 같은 악기는 활로 줄을 문질러 소리를 낸답니다.

관을 이용하는 관악기

관악기는 관 속에 공기를 불어 넣어서 소리를 내는 악기예요. 관의 재질에 따라 나무로 만든 목관 악기, 금속으로 만든 금관 악기로 구분해요. 하지만 오늘날에는 제조 기술이 발달하여 전통적인 재질 구분을 따르지 않는 악기들도 등장했어요.

예를 들어, 여러분이 사용하는 리코더는 플라스틱으로 만들었지요? 그렇지만 플라스틱이 없던 옛날에는 나무로 만들었어요.

그래서 리코더를 목관 악기로 분류해요.

두드려서 소리 내는 타악기

타악기는 물체를 두드려서 소리를 내는 악기예요. 손이나 채를 사용해 물체를 진동시켜 소리를 내지요.

북처럼 동물의 가죽으로 된 면을 치기도 하고, 꽹과리나 트라이앵글처럼 금속으로 된 물체를 쳐서 소리를 내기도 합니다.

건반을 누르면 건반 악기

피아노처럼 건반을 이용한 악기를 뜻해요. 피아노는 원래 현악기예요. 피아노 속에 있는 줄을 때려서 소리를 내거든요. 하지만 요즘에는 건반을 이용한 악기가 많아져서 현악기, 관악기, 타악기 이외에 건반 악기를 따로 나누어 크게 4종류로 나누기도 해요.

> **TIP**
>
> **리듬 악기와 가락 악기**
>
> 악기를 크게 리듬 악기와 가락 악기, 2가지로 나누기도 해요. 리듬 악기는 드럼, 탬버린, 장구처럼 박자에 맞춰 일정하게 두드리며 리듬을 살리는 악기지요. 가락 악기는 줄이나 건반을 이용해 음의 높낮이를 표현하는 악기예요.

기타를 튕겨 봐! – 현악기

현악기는 현(줄)을 진동시켜 소리를 내는 악기예요. 하지만 단순히 줄의 진동만으로 모든 소리가 나는 건 아니랍니다.

줄 현

줄의 길이와 음높이

기타를 칠 때 왼손은 기타 줄을 잡는 역할을 해요. 이때 왼손으로 줄의 길이를 조절하면 음의 높낮이가 달라져요. 줄의 길이가 짧아질수록 더 높은 소리가 나고, 길어질수록 낮은 소리가 나요. 이것은 줄의 길이가 짧을수록 줄이 더 빨리 진동하기 때문이에요. 빨리 진동하면 진동수가 커져서 더 높은음을 연주할 수 있는 거예요.

간격을 길게 잡으면 낮은 소리

간격을 짧게 잡으면 높은 소리

현악기 구멍의 비밀

현악기는 줄만 있으면 된다고 생각하기 쉽지만 줄 자체만으로는 악기가 되기 어려워요. 줄이 진동해도 주변의 공기를 진동시키는 양이 적어서 소리가 매우 작거든요. 그래서 필요한 것이 바로 울림구멍이에요. 통기타나 바이올린은 줄의 진동을 몸체(울림통)에 전달해요. 그러면 몸통 전체가 울리면서 울림구멍을 통해 큰 소리가 난답니다.

건반을 두드려 봐! – 피아노

피아노는 건반을 두드리는 악기라 타악기라고 생각하기 쉬워요. 하지만 피아노 속에는 우리 눈에 보이지 않는 수많은 줄이 있답니다.

피아노의 구조

피아노는 크기만 큰 것이 아니라 매우 무거운 악기예요. 겉으로 보면 나무로 만든 것 같은데 왜 그렇게 무거울까요? 그것은 피아노 줄이 강철로 된 틀에 묶여 있기 때문이에요.

피아노 줄은 강철 선에 구리를 감아서 만들었는데, 이 줄을 고정하려면 강철로 만든 틀이 필요하거든요. 강철 틀에 연결된 피아노 줄을 천으로 둘러싼 나무망치로 때려서 소리를 내요.

피아노 소리 내기

피아노 건반을 누르면 나무망치가 올라와 피아노 줄을 때려요. 줄은 굵기가 가늘고 짧을수록 높은 소리가 나지요. 피아노 속을 구경할 기회가 있으면 한번 확인해 봐요. 다양한 굵기와 길이의 줄이 들어 있는 것을 볼 수 있을 거예요.

나무망치는 지레의 원리를 이용해 올라왔다가 원래의 위치로 돌아간답니다.

피리를 불어 봐! – 관악기

관악기에 공기를 불어 넣는다고 해서 무조건 소리가 잘 나는 것은 아니에요. 공기를 일정하게 불어 넣어야 하거든요.

대롱, 피리 관

아름다운 소리의 비밀 – 정상파

관악기 속에 일정하게 진동하는 파동을 만들어야 좋은 소리가 날 수 있어요. 이때 생긴 파동을 정상파라고 해요.

정상파는 파동이 마치 정지한 듯이 보인다고 해서 붙인 이름이에요. 기타 줄을 퉁기면 줄이 마치 제자리에서 위아래로만 진동하는 듯이 보여요. 실제로는 파동이 줄 양 끝으로 계속 이동해요. 하지만 이동하던 파동이 만나 서로 합쳐져서 마치 정지한 것처럼 보이는 정상파가 만들어져요. 관악기 속에서도 이러한 정상파가 만들어져야 아름다운 소리가 난답니다.

정상파가 만들어져야 아름다운 소리가 난단다.

정상파를 느껴 보자!

병 속에 물 높이에 따라 소리가 달라!

빈 음료수병 입구에 아랫입술을 살짝 대고 후 불어 봐요. 불다 보면 어느 순간 '웅~' 하는 소리가 날 때가 있어요. 그때가 바로 병 내부에서 일정한 진동인 정상파가 만들어졌을 때랍니다.

 북을 울려 봐! – 타악기

축제에서 흥을 돋우는 사물놀이는 꽹과리, 장구, 북 등으로 연주해요. 흥미롭게도 이 악기 모두 타악기이지요.

칠, 두드릴 타

큰 소리로 흥을 돋우는 타악기

현악기와 달리, 타악기는 공기를 진동시키기 위한 별도의 구조가 필요 없어요. 막이나 몸체의 진동만으로도 많은 양의 공기를 진동시켜 큰 소리를 낼 수 있기 때문이에요.

타악기로 만드는 클라드니 도형

북이나 장구의 두드리는 곳을 활용하면 도형을 만들 수 있어요. 집에 타악기가 없으면, 두께가 얇은 커다란 냄비를 이용해도 좋아요.

먼저 면 위에 고운 모래를 넓게 뿌려요. 그다음 계속해서 면을 두들겨 봐요. 그러면 다양한 모양의 도형이 생기는데, 이것을 클라드니 도형이라고 해요. 도형의 모양은 북을 두들기는 위치에 따라 달라져요. 그래서 북을 두드릴 때 그 위치에 따라 북 가죽이 다양한 모양으로 진동하는 것을 눈으로 확인할 수 있지요. 또한 종이에 모래를 뿌린 후 이 종이를 스피커 위에 올려놓아도 스피커 진동에 의해 도형을 만들 수 있답니다.

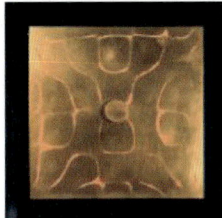 

아날로그 음악과 디지털 음악

우린 공연장에 가지 않아도 스마트폰이나 텔레비전, 컴퓨터를 통해 언제 어디서든 음악을 들을 수 있어요. 음악을 파일로 저장하고, 전송할 수 있는 방법을 발명했기 때문이지요.

1877년, 미국의 발명가 에디슨은 음악을 저장할 수 있는 축음기를 발명했어요. 그 후로 음악을 저장하는 방법은 꾸준히 발전했지요.

에디슨, 음악을 부탁해!

에디슨이 축음기를 발명한 이유는 말하는 소리를 저장하기 위해서였어요. 시간이 지나면서 사람들은 점차 음악을 저장해서 듣기 시작했지요.

축음기가 생기기 전에는 한 번 부른 노래는 다시 들을 수 없었어요. 또 공연장에 직접 가지 않으면 노래를 들을 수 없었고요. 그래서 축음기의 발명은 음악이 대중화되는 데 큰 영향을 주었어요.

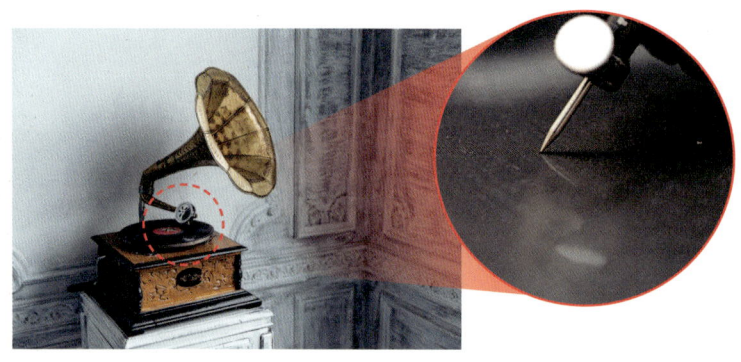

축음기는 원반처럼 생긴 판에 홈을 만들어 음악을 저장했어요. 음악을 재생할 때는 홈에 바늘이 지나가면서 진동을 소리로 만들어 냈지요. 이러한 방식의 음악을 아날로그 음악이라고 해요. 아날로그란 축음기 위를 돌며 소리를 내는 레코드판처럼, 기계가 돌아갈 때 소리가 나는 모습을 직접 볼 수 있는 장치를 뜻해요.

역시 나는 아날로그 감성이 좋아!

이제는 디지털 시대!

컴퓨터나 스마트폰으로 듣는 음악은 디지털 음악이라고 해요. 아날로그 기계와는 달리, 디지털 기계는 음악 데이터의 움직임을 눈으로 볼 수 없지요.

컴퓨터는 아날로그 음악의 진동을 그대로 저장할 수 없어요. 컴퓨터는 0과 1로 된 값만 저장하고 읽을 수 있기 때문이지요. 그래서 컴퓨터에 음악을 저장하려면 아날로그 음악을 디지털 자료로 바꾼 뒤, MP3와 같은 파일로 저장한답니다.

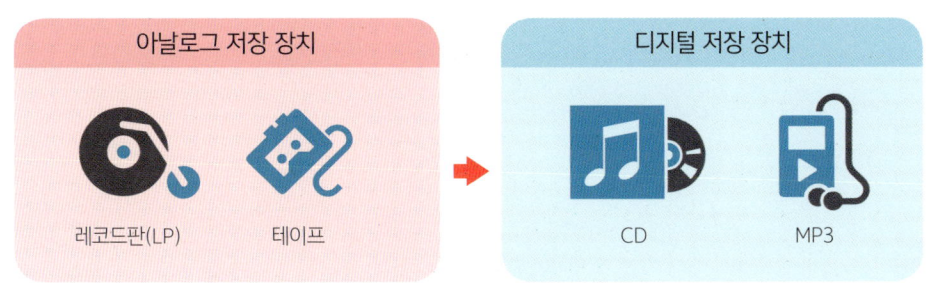

음악 저장 장치의 발달

악기의 원리

악기의 분류
- 크게 현악기, 관악기, 타악기, 건반 악기로 구분
- 현악기 : 줄을 튕기거나 문지르거나 때려서 소리를 내는 악기
- 관악기 : 관 속에 공기를 불어 넣어서 소리를 내는 악기
- 타악기 : 물체를 두드려서 소리를 내는 악기
- 건반 악기 : 건반을 이용한 악기
- 리듬 악기 : 박자에 맞춰 일정하게 두드리며 리듬을 살리는 악기
- 가락 악기 : 줄이나 건반을 이용해 음의 높낮이를 표현하는 악기

현악기
- 줄을 진동시켜 소리를 냄
- 줄의 길이를 조절하여 음의 높낮이를 다르게 표현함
- 줄의 길이가 짧아질수록 더 높은 소리가, 길어질수록 낮은 소리가 남
  ⋯▶ 줄의 길이가 짧을수록 줄이 더 빨리 진동하기 때문
- 기타 몸체에 있는 울림구멍 : 줄의 진동이 몸통 전체에 울리도록 하여 큰 소리가 나게 하는 기능

피아노
- 강철 틀에 연결된 피아노 줄을 천으로 둘러싼 나무망치로 때려서 소리를 냄
- 줄의 굵기가 가늘고 짧을수록 높은 소리가 남

관악기
- 아름다운 소리를 내려면 관 속에 일정하게 진동하는 정상파를 만들어야 함
- 정상파를 느껴 보는 방법 : 빈 음료수병 입구에 아랫입술을 살짝 대고 후 불었을 때, 웅~ 하는 소리가 나는 경우

타악기
- 막이나 몸체의 진동만으로 많은 양의 공기를 진동시켜 큰 소리를 냄
- 클라드니 도형 : 타악기의 두드리는 면에 모래를 뿌리고 두들겼을 때 생기는 다양한 모양의 도형

아날로그 음악과 디지털 음악
- 아날로그 : 기계가 돌아갈 때 소리가 나는 모습을 직접 볼 수 있는 장치
- 디지털 : 음악 데이터의 움직임을 눈으로 볼 수 없는 장치
- 음악을 저장하는 장치는 아날로그에서 디지털로 변화함 ⋯▶ 음악이 아날로그 음악에서 디지털 음악으로 변화함

한 걸음 더!

악기를 만들어 연주해 보자!

여러분도 집에서 악기를 직접 만들어 볼 수 있어요. 먼저 유리로 된 포도주 잔을 여러 개 준비해요. 각 포도주 잔에 물을 서로 다른 높이까지 채워요. 준비가 끝났으면 포도주 잔으로 연주를 해요. 연주하는 방법은 크게 2가지가 있어요.

손끝으로 문질러서 연주하기

손끝에 물을 살짝 묻힌 후 포도주 잔 입구를 손으로 문지르면 잔이 진동하면서 소리가 나요. 손끝과 포도주 잔이 마찰하면서 소리가 나는 거예요.

채로 두드려서 연주하기

이번에는 나무젓가락이나 플라스틱 막대기를 준비해요. 그것으로 포도주 잔을 치면 잔이 진동하면서 소리가 나요.

포도주 잔의 물의 높이와 음의 높낮이를 비교해 봐요. 물의 높이와 음의 높낮이에는 어떤 관계가 있나요? 맞아요. 물의 높이가 낮을수록 더 높은 소리가 나지요. 잔의 소리를 들으면서 물 높이를 조절하면 더 정확한 음으로 연주할 수 있는 '포도주 잔 악기'를 만들 수 있답니다.

⚠️ **주의 사항**

- 준비할 때 포도주 잔끼리 서로 부딪혀 깨지지 않도록 조심해요.
- 포도주 잔을 너무 세게 치면 안 돼요.
- 쇠젓가락은 잔이 깨질 수 있으므로 사용하지 말아요.

청진기와 초음파를 활용한 진찰

병원에 가면 의사 선생님이 청진기를 이용하여 심장이나 폐에서 나는 소리를 들어요. 청진기를 가슴에 대면 심장의 콩닥콩닥거리는 진동이 관을 통해 전달되어 귀에 소리가 크게 들리지요. 맨 처음에 배운 실 전화기와 같은 원리예요.

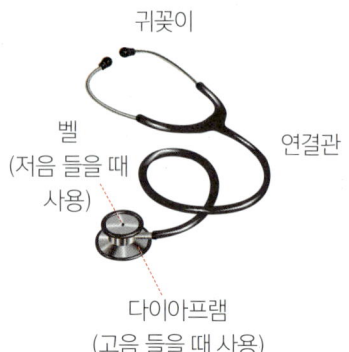

청진기를 발명한 라에네크

청진기가 발명되기 아주 오래전부터 의사들은 환자의 몸속에서 나는 소리를 들으며 진찰했어요. 청진기 없이 어떻게 소리를 들었을까요? 바로 환자의 몸에 의사가 귀를 대고 직접 소리를 들었지요. 이것을 '청진'이라고 해요. 청진은 '환자의 몸 안에서 나는 소리를 들어서 진찰한다'는 뜻이에요.

들을 청   진찰할 진

프랑스의 의사 라에네크(1781~1826년)도 청진으로 환자를 살폈어요. 그러던 어느 날 뚱뚱한 여성 환자가 라에네크를 찾아왔어요. 라에네크는 환자의 몸에 직접 귀를 대기 어려워 제대로 진찰할 수 없었지요. 소리를 잘 듣기 위해 고민하던 라에네크는 1816년에 청진기를 발명했어요. 속이 빈 나무토막으로 환자의 몸속 소리를 들었답니다.

몸속을 보는 초음파

오늘날에는 사람의 몸속 소리를 듣는 것뿐만 아니라, 다양한 영상 의학 장비로 안을 들여다보기도 해요. 그중에서 임산부의 몸을 살필 때 사용하는 것이 바로 초음파 진단기예요.

여러분도 엄마의 배 속에 있을 때 의사 선생님이 초음파로 여러분의 모습을 확인했을 거예요.

초음파는 엄마 배를 통과해 태아에게 닿은 뒤, 다시 반사되어 돌아와요. 그것을 영상으로 바꾸면 우리 눈으로 태아의 상태를 확인할 수 있지요.

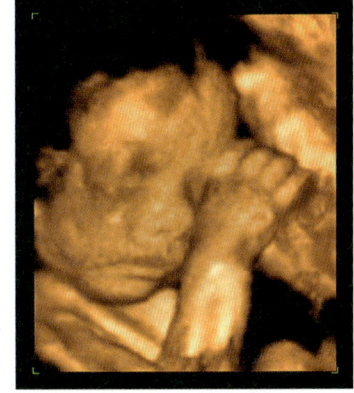

정밀 초음파로 확인한 태아의 모습

이처럼 초음파 진단기는 배를 열어 보지 않아도 안전하게 태아를 진단하는 의료 도구랍니다.

세상을 이롭게 하는 소리

 ## 초음파로 물고기와 어뢰를 찾아라!

바다에서 물고기를 잡을 때는 고기떼가 있는 곳에 그물을 던져야 해요. 하지만 물속은 잘 보이지 않아서 어디에 고기가 있는지 알 수 없지요. 이때 사용하는 것이 어군 탐지기예요.

물고기가 보인다! 어군 탐지기

어군 탐지기는 물속에 음파를 쏜 뒤 음파가 반사되어 온 결과를 분석하여 고기떼(어군)가 있는지 없는지 알아내는 기계예요.

물고기 어   무리 군

음파는 물속에서 속도가 빨라져요. 공기 중에서는 1초에 약 340미터를 이동하지만, 물속에서는 1초에 약 1,500미터를 가지요.

만일 음파가 물고기에 닿았다가 반사되어 오는 데 총 1초가 걸렸다면, 물고기는 배에서 몇 미터 떨어져 있는 걸까요? 1초 걸렸으니 1,500미터 아니냐고요? 땡! 물고기는 바로 750미터 떨어진 곳에 있어요. 음파가 왕복으로 다녀왔기 때문이에요. 갔다가 되돌아오는 데 걸린 시간이 1초이므로 물고기는 1,500미터의 절반인 750미터 거리에 있는 것이지요.

바다를 지키는 군대인 해군에서 적의 잠수함이나 어뢰를 찾아내는 기계 '소나'도 이와 같은 원리를 이용한답니다.

타이태닉호의 비극에서 탄생한 음파 탐지기

어군 탐지기나 소나를 발명하게 된 데에는 안타까운 사건이 있어요. 바로 영화로도 만들어졌던 타이태닉호 사건 때문이에요.

타이태닉호는 1911년에 영국에서 만든 배로, 당시 세계에서 가장 큰 배였어요. 그러나 1912년에 2,200명이 넘는 손님을 태우고 항구를 떠나 미국으로 향하던 중 가라앉고 말았어요. 엄청난 크기의 화려한 유람선이었지만, 바다를 떠다니는 빙산을 피하지 못하고 충돌한 뒤 바다에 가라앉은 거예요. 결국 1,500명 이상이 목숨을 잃었어요.

이 사고는 선원들이 빙산을 일찍 확인했더라면 피할 수 있던 사고예요. 그래서 이 사건 후에 배가 빙산이나 암초에 부딪혀 가라앉는 것을 막기 위해 음파로 바닷속을 확인하는 기계를 만들었지요. 그 장비가 바로 음파 탐지기입니다.

TIP 타이태닉호 침몰의 또 다른 원인

타이태닉호가 빙산과 부딪힌 뒤 가라앉은 것은 맞지만, 분석가들은 이외에도 여러 가지 이유가 동시에 작용했을 것으로 보고 있어요.

먼저 선원들은 빙산의 위험 경고 메시지를 여러 번 받았음에도 이를 무시한 채 배를 몰았어요. 또한 배의 철판을 연결하는 재료 중에 불량품이 있었지요.

타이태닉호의 비극은 사람들이 안전에 주의를 기울였더라면 피할 수 있던 사고인 셈이에요.

타이태닉호에서 구명보트를 타고 탈출하는 사람들

사람들의 귀를 사로잡을 소리 디자인

듣기 좋은 소리를 들으면 기분이 좋아지고, 기분 나쁜 소음을 들으면 괴로워져요. 하지만 음악과 소음 이외에도 우리가 평소에 들을 수 있는 소리는 훨씬 다양해요.

그중 우리의 기분을 변화시키는 광고 속 소리에 대해 알아봐요.

으, 저건 음악이 아니라 기분 나쁜 소음이야!

광고 속 바삭바삭 감자칩

TV를 보다 보면 감자칩이나 치킨 광고가 나올 때가 있어요. 그때 '바삭!' 하는 소리가 아주 크게 나지요. 탄산음료를 따르는 장면에서는 '쪼르륵' 소리가 나고, 심지어 거품이 터지는 소리도 나지요.

식품 광고에서는 이러한 소리가 매우 중요해요. 생생한 소리를 듣는 것만으로도 보는 사람으로 하여금 '먹고 싶다!'는 마음이 들게 하거든요. 실제로도 감자칩을 먹어 보면 바삭바삭 소리가 날 때 더 맛있게 느껴져요. 습기가 배어 있는 오래된 감자칩이라면 바삭거리지 않고 눅눅해서 맛없게 느껴지고요.

이처럼 소리는 음식을 먹고 싶어 하는 마음에 영향을 줘요. 그러므로 광고에서는 소리를 과장하거나 일부러 그럴듯하게 만들어서 넣기도 한답니다.

소리로 세상을 보는 사람

우리는 눈이 없으면 세상을 볼 수 없다고 생각해요. 하지만 시력을 잃었어도 세상을 볼 수 있는 사람이 있어요. 바로 박쥐 인간이라고도 불리는 다니엘 키시예요.

다니엘이 세상을 보는 법

다니엘은 시력을 완전히 잃어서 앞을 보지 못해요. 하지만 다니엘은 세상을 볼 수 있는 방법을 스스로 터득했어요. 바로 입으로 소리를 내서 그 소리가 반사되는 것으로 주변을 인식하는 것이지요. 다니엘이 세상을 인식하는 방법은 초음파를 이용하는 박쥐와 비슷한 셈이에요. 다니엘의 능력은 놀랍기도 하지만 자신의 장애를 극복했다는 면에서 많은 사람에게 감동을 준답니다.

시각 장애인을 위한 스마트 지팡이

시각 장애인들은 지팡이를 가지고 다니며 주변에 장애물이 있는지 확인해요. 물론 미처 물체를 확인하지 못해 부딪힐 때도 있어요. 하지만 스마트 지팡이를 이용하면 그럴 가능성은 거의 없답니다. 지팡이에서 초음파를 쏜 후 반사된 초음파를 감지해서 지팡이가 주변 상황을 알려 주기 때문이에요.

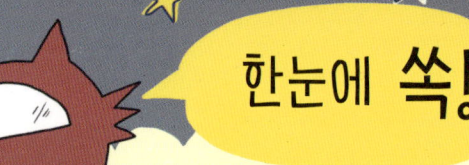

세상을 이롭게 하는 소리

청진기와 초음파를 활용한 진찰
- 청진기 발명 이전에는 의사가 환자의 몸에 귀를 대고 직접 소리를 들음
- 프랑스의 의사 라에네크가 속이 빈 나무토막으로 만든 청진기를 발명함
- 초음파를 이용한 영상 의학 장비도 있음

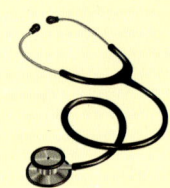

초음파로 찾는 물고기와 어뢰
- 어군 탐지기 : 물속에 음파를 쏜 뒤 음파가 반사되어 온 결과를 분석하여 고기떼를 찾는 기계
- 음파 : 공기보다 물속에서 속도가 더 빠르며, 공기 중에서는 1초에 약 340미터를 이동하지만 물속에서는 1초에 약 1,500미터를 이동함
- 소나 : 해군에서 적의 잠수함을 찾아내는 기계
- 타이태닉호 사건 : 어군 탐지기나 소나 같은 음파 탐지기가 탄생하게 된 결정적인 사건
- 타이태닉호 : 1912년 당시 세계에서 가장 큰 배였으나, 빙산을 피하지 못하고 충돌한 뒤 바다에 가라앉음
- 타이태닉호 사건은 선원들이 빙산을 일찍 확인했더라면 피할 수 있었

던 사고 ⋯ 이 사건 후 배가 빙산에 부딪혀 가라앉는 것을 막기 위해 음파 탐지기 발명함

광고 속 소리 디자인
- 식품 광고에서 소리가 중요한 이유 ⋯ 소리는 음식을 먹고 싶어 하는 마음에 영향을 줌
- 식품 광고 속에 소리를 과장하거나 일부러 그럴듯하게 만들어 넣음
  예) 감자칩의 바삭거리는 소리, 탄산음료의 거품 터지는 소리

소리로 세상을 보는 사람
- 시각 장애인 다니엘 키시 : 입으로 소리를 내서 그 소리가 반사되는 것으로 주변을 인식 ⋯ 초음파를 이용하는 박쥐와 비슷한 원리로 세상을 보기 때문에 박쥐 인간이라는 별명이 생김
- 시각 장애인을 위한 스마트 지팡이 : 지팡이에서 초음파를 쏜 후 반사된 초음파를 감지해서 지팡이가 주변 상황을 주인에게 알려 줌 ⋯ 장애물에 부딪히는 사고를 줄일 수 있음

한 걸음 더!

유명한 콘서트홀의 비밀

오래된 성당이나 궁궐 같은 건물에 가서 큰 소리를 내면 소리가 울리는 걸 느낄 수 있어요. 소리가 울리니 합창을 하거나 대화를 하기에는 좋지만 공연에는 적당하지 않아요.

최상의 음악 소리를 전달하는 콘서트홀

성당과는 달리, 유명한 콘서트홀에서는 음악 소리가 적당히 반사되어 음악을 감상하기 좋아요. 이는 음향을 연구하는 공학자들이 공간을 잘 디자인하여 관객들에게 적당하게 소리가 반사될 수 있도록 만들었기 때문이에요. 만약 가수의 목소리가 공연장 벽에 흡수가 잘되면 소리가 죽어 버릴 거예요. 그렇다고 너무 반사가 길게 일어나면 마치 동굴에 온 것처럼 길게 메아리가 생겨 소리가 마구 섞여 버려서 혼란스러울 거예요.

따라서 유명한 콘서트홀은 건물을 짓기 전에 음향학적인 연구를 충분히 한답니다.

최고의 음향을 자랑하는
오스트리아 비엔나 뮤직페라인 골든홀

소리와 관련된 직업

직업 중에는 소리를 다루는 다양한 전문직이 있어요. 어떤 직업이 있는지 살펴볼까요?

음향 기사 영화나 드라마에 존재하는 수많은 소리들이 영상과 잘 어울리도록 음향 장비를 다루는 기술자예요. 보고 듣는 사람들이 마치 그 현장에 함께 있는 것처럼 실감 나는 소리를 만들지요.

성우 목소리로 연기하는 배우예요. 외국 영화나 애니메이션에 나오는 인물들의 목소리를 연기하지요. 다양한 목소리를 낼 수 있어야 하며, 발음도 정확해야 해요.

폴리 아티스트 영화나 드라마에서 대사와 음악을 제외한 다양한 효과음을 만드는 사람이에요. 뚜껑을 여는 소리, 바람 소리, 빗소리 등 배우의 동작이나 자연의 소리를 강조하는 생생한 효과음을 만들어요.

공간 음향 연구원 공연장, 교회, 스튜디오 등의 건물에 설치할 음향 시설을 연구하는 사람이에요. 최상의 소리가 날 수 있도록 조언하고, 흡음 및 방음과 관련된 제품을 만들기도 해요.

1화 아름다운 소리를 찾아라!

1 다음 중 소리에 대한 설명으로 틀린 것을 고르세요.

① 소리는 주로 공기를 통해 전달돼요.
② 소리는 공기가 진동해서 생기는 현상이에요.
③ 주파수란 공기가 10초 동안 진동한 횟수를 뜻해요.
④ 우주에는 공기가 없으므로 아무런 소리도 들을 수 없어요.

2 다음 글을 읽고, 각 괄호 안에 들어갈 단어가 바르게 짝지어진 것을 고르세요.

> 주파수의 단위는 (㉠)예요. 어른들은 약 17,000(㉠) 이상의 소리를 잘 들을 수 없어요. 이를 이용하여 만든, 10대들만 들을 수 있는 벨 소리를 (㉡)이라고 해요.

① ㉠헤르츠 ㉡데시벨
② ㉠헤르츠 ㉡틴벨
③ ㉠데시벨 ㉡초음파벨
④ ㉠데시벨 ㉡초저주파벨

100

3 다음은 초음파와 초저주파를 이용하는 동물에 대한 설명이에요. 아래 동물들이 둘 중 어느 것을 이용하는지 괄호 안에 적어 보세요.

① 박쥐는 (　　　　　　　)를 이용하여 먹이를 찾아요.
② 돌고래는 (　　　　　　　)를 이용하여 대화를 나눠요.
③ 코끼리는 (　　　　　　　)를 이용하여 대화를 나눠요.

4 다음 소리의 특징과 그에 대한 설명을 바르게 짝지어 봐요.

소리의 반사 ①　　　　　　㉠ 파동이 퍼지다가 물체를 에돌아 나아가는 현상

소리의 굴절 ②　　　　　　㉡ 공기의 조건이 달라져 소리가 휘어지는 현상

소리의 회절 ③　　　　　　㉢ 소리가 단단하고 평평한 곳에 부딪혔다가 되돌아오는 현상

5 다음 중 소리의 3요소가 아닌 것을 고르세요.

① 소리의 크기
② 소리의 높낮이
③ 소리의 맵시
④ 소리의 울림

2화 지구를 구할 코스모스 1이

1 다음 중 소음에 대한 설명으로 틀린 것을 고르세요.

① 음악은 소음이 아니에요.
② 소음을 들으면 불쾌함을 느껴요.
③ 어떤 소리든 소음이 될 수 있어요.
④ 소음은 대부분 자연에서 듣기 어려운 소리예요.

2 다음 중 데시벨에 대해 옳은 말을 하는 사람을 모두 고르세요.

① 데시벨이란 소리의 세기를 나타내는 단위란다.
② 10데시벨마다 소리의 세기는 10배씩 커져.
③ 0데시벨은 사람이 들을 수 있는 가장 큰 소리야.
④ 수치가 올라갈수록 약한 소리야.

3 다음 중 소음을 줄이기 위한 노력으로 틀린 것을 고르세요.

① 바닥에 두꺼운 매트를 깔아 층간 소음을 막아요.

② 늦은 시간에는 전동 안마기나 트레드밀을 사용하지 않아요.

③ 고속 도로나 자동차 전용 도로에 방음벽을 설치해요.

④ 자동차 경적을 자주 사용하여 사람들 귀에 익숙하게 만들어요.

4 소음은 우리에게 많은 영향을 줘요. 소음을 듣고 있으면 우리 몸과 마음에 어떤 일이 벌어질까요? `서술형 문항 대비` ✓

3화 저기요, 베토벤 씨!

1 다음 중 발성 기관에 대한 설명으로 옳은 것을 모두 고르세요.

① 성대는 말할 때 딱 붙어서 떨리지 않아요.
② 안울림소리는 성대의 떨림으로 만들어 내는 소리예요.
③ 사람은 성대와 혀, 입술 등을 이용해 다양한 소리를 내요.
④ 소리는 우리가 숨을 쉴 때 폐로 들어온 공기가 성대와 빈 공간을 지나 진동이 커지면서 만들어져요.

2 다음 중 목소리에 대한 설명으로 틀린 것을 고르세요.

① 남자는 변성기가 지나면서 성대가 길고 두터워져서 낮은 소리가 나요.
② 진동수가 크면 두껍고 낮은 목소리로, 진동수가 작으면 가늘고 높은 목소리로 들려요.
③ 음성 변조란 기계를 이용해 목소리의 진동수를 바꾸어 다른 목소리로 변화시키는 거예요.
④ 성대모사를 잘하는 사람들은 성대의 진동수와 음색을 조절하여 자신의 목소리를 변화시켜요.

3 다음 청각 기관에 대한 설명으로 틀린 것을 고르세요.

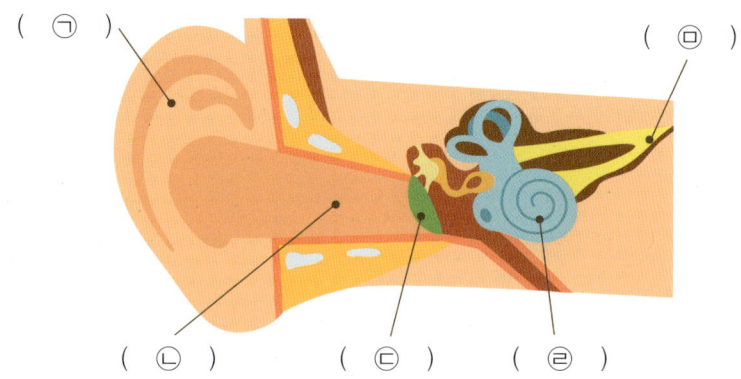

① ㉠은 소리를 모으는 역할을 해요.
② ㉢은 소리를 느끼고 진동하는 두꺼운 근육이에요.
③ ㉣에는 진동을 느끼는 청각 세포가 들어 있어요.
④ 청각 세포의 신호는 ㉤을 따라 대뇌로 전달돼요.

4 3번 문제의 그림 속 각 부위의 이름을 적어 봐요.

㉠ : _____   ㉡ : _____   ㉢ : _____

㉣ : _____   ㉤ : _____

4화 악기가 필요해!

1 다음 글을 읽고 〈보기〉의 악기를 리듬 악기와 가락 악기로 나눠 봐요.

> • 리듬 악기는 박자에 맞게 일정하게 두드리며 리듬을 살리는 악기이다.
> • 가락 악기는 줄이나 건반을 이용해 음의 높낮이를 표현하는 악기이다.

보기

피아노   기타   드럼   플루트   장구   탬버린

리듬 악기 : _____

가락 악기 : _____

2 다음 중 현악기에 대한 설명으로 틀린 것을 고르세요.

① 현악기는 줄을 진동시켜 소리를 내요.
② 줄을 손으로 튕기거나, 활로 문질러 소리를 내요.
③ 줄의 길이가 짧아지면 낮은 소리가 나고, 길어지면 높은 소리가 나요.
④ 기타, 바이올린 등은 줄의 진동이 몸체에 전달되어 더 큰 소리가 나요.

3 다음 글을 읽고 빈칸에 들어갈 단어로 적절한 것을 골라 봐요.

> 컴퓨터나 스마트폰으로 듣는 음악을 (　　　)이라고 해요. 컴퓨터는 아날로그 음악의 진동을 저장할 수 없어요. 컴퓨터에 음악을 저장하려면 아날로그 음악을 디지털 자료로 바꾼 뒤, MP3와 같은 파일로 저장한답니다.

① 디지털 음악　　② 파일 음악
③ 데이터 음악　　④ 스마트 음악

역시 나는 아날로그 감성이 좋아!

4 현악기, 관악기, 타악기, 건반 악기에는 각각 어떤 악기가 있는지 조사해 봐요. 서술형 문항 대비 ✅

분류	악기
현악기	기타, 가야금,
관악기	플루트, 트럼펫,
타악기	드럼, 북,
건반 악기	피아노, 아코디언,

107

 5화 뮤즈인의 선물

1 다음 중 청진에 대한 설명으로 옳은 것을 모두 고르세요.

① 청진은 환자의 몸 안에서 나는 소리를 들어서 진찰한다는 뜻이에요.
② 청진은 청진기가 발명되면서 시작된 진찰 방법이에요.
③ 청진기는 환자의 몸속 소리를 더 잘 듣기 위해 만든 도구예요.
④ 프랑스의 의사 에디슨이 청진기를 발명했어요.

2 다음 글을 읽고 어떤 배에 대한 설명인지 쓰세요.

> 이 배는 1911년에 영국에서 만든, 당시 세계에서 가장 큰 배였어요. 그러나 1912년에 2,200명이 넘는 손님을 태우고 항구를 떠나 미국으로 향하던 중 빙산에 충돌한 뒤 바다에 가라앉았지요. 이 사건 후에 배가 빙산이나 암초에 부딪혀 가라앉는 것을 막기 위해 음파 탐지기를 만들었답니다.

_____

3 텔레비전에 나오는 다양한 광고를 살펴보고, 소리를 강조하여 만든 상품을 조사해 봐요. 그리고 그 소리를 통해 어떤 것을 느꼈는지도 적어 봐요.

서술형 문항 대비 ✓

소리를 강조한 광고	소리를 통해 느낀 점
김치 냉장고	• 김치 소리가 아삭아삭해서 신선할 것 같았다.
	•
	•
	•

4 요즘에는 초음파를 활용하여 생활에 편리한 다양한 기구를 만들어요. 태아의 모습을 살펴볼 수 있는 초음파 진단기, 스마트 지팡이처럼 말이에요. 만약 여러분이 초음파를 이용한 발명품을 만든다면 어떤 기구를 만들고 싶은가요? 서술형 문항 대비 ✓

정답 및 해설

1화

1. ③
… 주파수는 공기가 1초 동안 진동한 횟수를 뜻해요. (☞16~21쪽)

2. ②
… 주파수의 단위는 헤르츠예요. 약 17,000 헤르츠 이상의 소리를 이용한 벨 소리는 틴벨이라고 해요. (☞20~21쪽)

3. ①초음파 ②초음파 ③초저주파
… 박쥐와 돌고래는 초음파를, 코끼리는 초저주파를 이용해요. (☞22쪽)

4. ①-ⓒ, ②-ⓛ, ③-ⓐ
… 소리의 반사는 단단하고 평평한 곳에 부딪혔다가 되돌아오는 현상이에요. 소리의 굴절은 공기의 조건이 달라져 소리가 휘어지는 현상을 뜻하며, 소리의 회절은 파동이 퍼지다가 물체를 에돌아 나아가는 현상이에요.
(☞23~25쪽)

5. ④
… 소리의 3요소는 크기, 높낮이, 맵시예요.
(☞28~29쪽)

2화

1. ①
… 아름다운 음악도 어떤 사람에게는 소음으로 들릴 수 있어요. (☞36~37쪽)

2. ①, ②
… 0데시벨은 사람이 들을 수 있는 가장 작은 소리이며, 수치가 올라갈수록 큰 소리예요. (☞38쪽)

3. ④
… 자동차 경적은 급한 상황이 아니면 되도록 사용하지 말아야 해요. (☞40~43쪽)

4. 자유롭게 적어 봐요.
… 소음을 듣고 있으면 스트레스를 받게 되고, 호흡과 맥박이 빨라져요. 심한 경우에는 소화도 안 되고 피도 잘 흐르지 않지요. 또한 공부나 일을 할 때 방해가 되어 집중력이나 이해력이 떨어져요. 잠을 제대로 잘 수 없어 다음 날 정상적인 생활도 어렵답니다.
(☞39쪽)

3화

1. ③, ④
… 성대는 말할 때 좁아지면서 떨려요. 성대의 떨림으로 만들어 내는 소리는 울림소리예요. (☞54~55쪽)

2. ②
… 진동수가 크면 가늘고 높은 목소리로, 진동수가 작으면 두껍고 낮은 목소리로 들려요.

(☞56~57쪽)

3. ②

⋯› ⓒ은 고막으로, 소리를 느끼고 진동하는 얇은 막이에요. (☞58~59쪽)

4. ㉠귓바퀴 ㉡외이도 ㉢고막 ㉣달팽이관 ㉤청각 신경

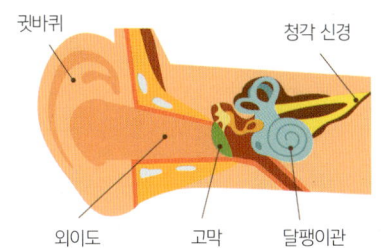

4화

1. 리듬 악기 : 드럼, 장구, 탬버린
   가락 악기 : 피아노, 기타, 플루트

⋯› 드럼, 장구, 탬버린은 박자에 맞춰 일정하게 두드리며 리듬을 살리는 리듬 악기예요. 피아노, 기타, 플루트는 음의 높낮이를 표현하는 가락 악기예요. (☞73쪽)

2. ③

⋯› 줄의 길이가 짧아질수록 더 높은 소리가 나고 길어질수록 낮은 소리가 나요.
(☞72, 74쪽)

3. ①

⋯› 컴퓨터나 스마트폰으로 듣는 음악을 디지털 음악이라고 해요. (☞78~79쪽)

4. 자유롭게 적어 봐요.

⋯› 어떤 악기가 있는지 조사하여 적어 봐요.
(☞72~77쪽)

5화

1. ①, ③

⋯› 청진은 청진기가 발명되기 훨씬 전부터 의사들이 환자를 진찰하던 방법이에요. 청진기는 프랑스의 의사 라에네크가 발명했어요.
(☞90쪽)

2. 타이태닉호

⋯› 음파 탐지기는 타이태닉호 사건 이후 배가 빙산에 부딪혀 가라앉는 것을 막기 위해 발명되었어요. (☞93쪽)

3. 자유롭게 상상하여 적어 봐요.

⋯› (☞94쪽)

4. 자유롭게 상상하여 적어 봐요.

⋯› (☞90~95쪽)

찾아보기

ㄱ
굴절 .... 24~25

ㄷ
데시벨 38
디지털 음악 .... 78~79

ㅁ
매질 .... 18~19

ㅂ
반사 23
발성 기관 .... 54~55
방음 .... 42~43
방음벽 42

ㅅ
성대 .... 54~55
성대모사 57
소음 .... 36~43

ㅇ
아날로그 음악 .... 78~79
음성 변조 57
음파 탐지기 .... 92~93

ㅈ
정상파 76

주파수 .... 20~21
진공 19
진동 .... 16~17
진동수 .... 20~21

ㅊ
청각 기관 .... 58~59
청진기 90
초음파 22, 91, 95
초저주파 22

ㅋ
클라드니 도형 77

ㅌ
틴벨 21

ㅍ
파동 18

ㅎ
헤르츠 .... 20~21
회절 25
흡음 41